AF603534

ÉTIENNE JOUVE

L'ARRIÈRE-BOUTIQUE DE SAINT ANTOINE A TOULON ET LE PAIN DES PAUVRES

RÉCIT D'UN TÉMOIN

PARIS
VICTOR RETAUX, LIBRAIRE-ÉDITEUR
82, RUE BONAPARTE, 82

1895

L'ARRIÈRE-BOUTIQUE
DE SAINT ANTOINE
A TOULON

ET

LE PAIN DES PAUVRES

ÉMILE COLIN — IMPRIMERIE DE LAGNY

ÉTIENNE JOUVE

L'ARRIÈRE-BOUTIQUE DE SAINT ANTOINE A TOULON ET LE PAIN DES PAUVRES

RÉCIT D'UN TÉMOIN

PARIS
VICTOR RETAUX, LIBRAIRE-ÉDITEUR
82, RUE BONAPARTE, 82

1895

LETTRE DU T. R. P. MARIE-ANTOINE

A M. Étienne JOUVE

En cours de prédication à Rochefort (Charente-Inférieure),
le 18 décembre 1894.

Bien cher et excellent ami,

Mademoiselle Louise Bouffier, l'heureuse intendante que s'est choisie saint Antoine de Padoue, m'annonce une bonne nouvelle; je m'empresse de vous en féliciter. Vous savez combien j'ai à cœur tout ce qui vous intéresse. Elle me dit que, non content de donner, chaque mardi, dans votre *Croix du Var*, une place d'honneur au récit des merveilles que notre grand thaumaturge ne cesse d'opérer dans son arrière-boutique, vous nous préparez un livre où vous voulez réunir tous ces récits, et nous faire assister, jour par jour et presque heure par heure, depuis l'origine, au développement de l'œuvre toute céleste et toute providentielle du *Pain des Pauvres de saint Antoine de Padoue ;* vous voulez nous faire l'histoire de l'arrière-boutique.

Oh ! cher ami, quelle sainte pensée et comme votre livre sera intéressant. Comme il arrive bien à son heure ! Comme il est bon, à l'heure actuelle, et combien nécessaire de constater l'intervention divine dans la conduite du monde, et combien il importe, dans ce temps d'orgueilleuse imbécillité, de faire bien voir et comprendre que Dieu est tout et que l'homme n'est rien !

Qui aurait cru, cher ami, à la fin d'un siècle si coupable, au milieu de ce désarroi universel et de nos ténèbres si épaisses, que ce Dieu si bon viendrait nous faire luire ce beau rayon de salut de l'arrière-boutique, et dans ce déluge de tant de maux, faire paraître tout à coup ce bel arc-en-ciel ? *L'Œuvre du Pain des Pauvres !...* fille non de la bureaucratie et du chiffre glacial, mais fille de l'amour et du miracle !

Oh ! bel arc-en-ciel dans le naufrage ! C'est bien l'arc-en-ciel dans sa pacifique et lumineuse et joyeuse suavité ! Cette chère œuvre en a toutes les nuances; elle est si douce, et si humble, elle est si voilée et si radieuse! Elle est si simple et si sublime. Vraiment, le doigt de Dieu est là!

Dans la même ville où la France réunit sa flotte, dans la même ville où se pressent dans un magnifique port ces géants de la mer, ces vaisseaux cuirassés et blindés, ces formidables et volantes forteresses qui, dans leurs flancs, portent la mitraille et la mort, voilà que tout à coup, paraît, à fleur d'eau et construit par les anges, un petit vaisseau de sauvetage, celui dont parle l'Esprit-Saint dans le livre des Proverbes quand il fait l'éloge de la femme qui craint le Seigneur.

« Elle est semblable, dit-il, à un petit vaisseau qu'on n'attendait pas, qui arrive de bien loin; vaisseau bien modeste, vaisseau d'un petit marchand, mais rempli d'un pain blanc et délicieux. « *Facta est quasi navis institoris, de longe portans panem suum.* »

N'est-ce pas à la lettre, cher ami, notre chère *Œuvre du Pain blanc?* N'est-elle pas le petit vaisseau de sauvetage pour notre France et notre société aux abois?

Et c'est notre humble petite marchande de la rue Lafayette, 41, que Dieu a choisie de toute éternité pour nous porter ce secours providentiel. « *Quasi navis institoris.* » Il est bien venu des extrémités de nos espérances, et il a dû, pour nous arriver, traverser les grandes eaux de nos tribulations « *veniens de longe !* »

Quelle joie pour les anges qui gardent votre chère ville de Toulon ! Quelle joie pour les anges qui gardent la France, quand ce vaisseau de sauvetage a abordé à vos rives fleuries et ensoleillées !

C'est ainsi que Dieu, toujours si bon pour notre chère France, fait pour elle des miracles d'amour ! Dans chaque grand péril, il a toujours un remède et un remède inattendu, et ce qu'il y a de remarquable, c'est qu'il se sert toujours de ce qu'il y a de plus petit pour faire ce qu'il y a de plus grand. Quand arrive la formidable inondation des barbares, c'est l'humble bergère de Nanterre, la douce Geneviève, qui sauve la Patrie ; quand une nouvelle invasion d'envahisseurs s'est emparée des deux tiers de la France, c'est l'humble bergère de Domrémy qui se lève et les écrase. Quand le protestantisme veut, à son tour, envahir et infecter nos belles provinces du Midi, voici la petite bergère de Pibrac qui l'arrête, qui garde Toulouse et y change en fleurs les épines de l'hérésie ; et maintenant, en face des nouveaux barbares de la civilisation, quand les âmes et les corps sont affamés, et que les haines s'amoncellent, voici l'humble couturière, l'humble marchande de Toulon et son petit vaisseau de sauvetage chargé de bon pain blanc « *portans panem suum* », la voici, sans bruit, sans mise en scène et sans fracas de discours, nous préparant la seule solution sociale possible, solution toute renfermée dans trois mots, les trois mots de *l'Œuvre du Pain des pauvres :* religion, prière, charité.

Allez dans l'arrière-boutique, grands chercheurs de solutions, et vous y verrez la solution toute faite. Tous viennent à notre saint, riches et pauvres, les riches pour demander, les pauvres pour recevoir, et riches et pauvres se reconnaissent, s'aiment et s'embrassent sur son cœur.

La charité ! la charité ! S'aimer, s'embrasser, se pardonner sur le cœur de Jésus, oh ! la belle, la grande solution sociale !

Voyez comme notre saint nous l'enseigne ! Oh ! dites-le bien à vos lecteurs ; ceci n'a pas encore été dit, personne encore n'a pensé à le dire : il y a ici un magnifique rapprochement à faire, il est saisissant ; il a sa place toute indiquée dans votre histoire de l'arrière-boutique, dès la première page, quand vous nous ferez assister à l'entrée miraculeuse du saint.

Fille de l'Eglise et aussi fille des moines qui l'ont défrichée et civilisée, la France, l'ingrate, la criminelle, a expulsé les moines, ses bienfaiteurs, et fermé leurs églises ; le décret d'expulsion pèse toujours sur eux au grand scandale des nations. De plus, cette criminelle France, je parle de la France officielle, continue d'égorger l'âme des enfants si chers au divin Enfant que caresse notre saint ; meurtri au cœur par ce double attentat, notre bien-aimé saint aurait bien pu demander vengeance : non ; il ne s'est souvenu que de son amour. Il aime tant la France ! Elle est si chère à son cœur ! N'est-elle pas le pays de ses nobles aïeux ? N'en a-t-il pas été l'apôtre le plus aimant, le plus étonnant ? Il accourt pour la sauver : le décret d'expulsion ne l'arrête pas, on a beau fermer les portes, il entrera, et, pour manifester sa puissance autant que son amour, il entrera par une porte fermée et fera un miracle pour l'ouvrir, il se logera dans une arrière-boutique pour y distribuer ses faveurs. Ainsi se vengent les saints, ainsi s'est vengé Jésus, le modèle des saints.

A Bethléem, ne lui avait-on pas fermé les

portes? Cela l'a-t-il empêché de naître et de porter le salut à la terre et de faire venir les bergers et les rois s'embrasser sur son cœur?

Ainsi Dieu se rit des creuses théories des hommes, et se plaît à confondre leur orgueil.

Qui aurait cru, il y a deux mille ans, que le salut sortirait d'une pauvre étable?

Qui aurait cru, il y a dix ans, que le salut sortirait d'une pauvre arrière-boutique?

« O petite étable de Bethléem! s'écriait le Prophète, rien de plus pauvre, rien de plus petit, rien de plus ignoré que toi, et cependant, c'est de toi que sortira le salut d'Israël ». O arrière-boutique de Toulon, rien de plus ignoré que toi, rien de plus petit, et cependant c'est de toi que sort chaque jour le bonheur pour ma chère France! C'est sur toi que tout à coup s'est levé le soleil de la prière et de la charité!

Bethléem veut dire: *maison du pain*. Oh! chère arrière-boutique, on peut bien aussi te donner ce glorieux nom, sera-t-il bientôt possible de compter les nombres de kilos de pain sortis de ton pauvre réduit?... Et tous les kilos qui se distribuent maintenant dans toute la terre sans compter le pain spirituel de nos écoles! Jamais, sans toi, chère arrière-boutique, aurait-on pétri un pain si blanc et si bon !

A l'Alhambra de Bordeaux, d'où Satan a été chassé, et où, il n'y a pas un an encore, j'ai porté la statue du bon saint, voilà déjà *deux cent vingt-cinq mille kilos de bon pain blanc* distribués. Tous les curés de la ville, toutes les conférences de Saint Vincent-de-Paul, tous les bureaux de charité, toutes les communautés religieuses participent à cette munificence, et plus de *sept mille pauvres* sont nourris, visités et consolés.

A Paris, à Lyon, c'est encore plus magnifique, et bientôt il n'y aura pas une seule ville, un seul village en France où les mêmes prodiges ne s'accomplissent.

Partout, bientôt dans tout l'univers, le pauvre mangera du pain blanc de saint Antoine, et c'est de la petite *arrière-boutique* que le premier grain porté du ciel par saint Antoine de Padoue est venu féconder toute la terre.

Oh ! je comprends qu'il n'ait voulu y entrer que par un miracle, portant d'une main l'enfant Jésus et de l'autre main un bon pain blanc pour ses pauvres.

C'est ainsi qu'il faudra désormais le représenter.

« Le pain blanc ! s'écrie une belle âme, le pain blanc ! Le pain est le premier besoin du pauvre ! Mais le *pain blanc*, c'est le luxe du pauvre ! » Qui s'y serait attendu dans nos jours où il faut dévorer tant d'amertumes !

Oui, vraiment, l'Œuvre du Pain blanc de saint Antoine de Padoue est une œuvre sociale.

Il faut dire tout cela, cher ami, il faut le dire dans un beau livre et le dire bien haut ! Votre plume, jusqu'ici, n'a été qu'une épée, il faut qu'elle soit une lyre ! A Marseille, à Toulouse, vous avez combattu le bon combat et tenu d'une main ferme et d'un cœur haut, le drapeau de la foi et de la Patrie. Dieu vous a conduit providentiellement à Toulon, près de l'arrière-boutique de son grand thaumaturge, pour que vous y chantiez maintenant d'une voix ferme et sonore les merveilles de son amour. Vous pourriez intituler votre livre : *l'Arrière-boutique de Toulon* ou les Gestes de Dieu par saint Antoine de Padoue.

On ne peut plus dire : *Gesta Dei per Francos :* la France officielle a trahi sa mission ! Les juifs et les francs-maçons y font les œuvres de ruines et de mort !

Voici le saint qui y fait les œuvres de résurrection et de Vie. Dites-le, cher ami, dites le bien haut, bien haut !

Je crois vous avoir dit, cher ami, tout ce que mon cœur avait besoin de vous dire, mais je ne vous dirai jamais assez combien ce cœur

Vous est tout dévoué dans le cœur bien-aimé de Jésus.

F. MARIE-ANTOINE.

L'ARRIÈRE-BOUTIQUE
DE SAINT ANTOINE
A TOULON
ET LE PAIN DES PAUVRES

I

LE PAIN DES PAUVRES

Si c'est le caractère des entreprises divines d'avoir d'humbles commencements, de croître et de se développer sans que seulement le monde qu'elles sont destinées à régénérer et à transformer, les aperçoive, on ne saurait nier que l'œuvre universellement connue à cette heure sous le nom de *Pain de Saint-Antoine de Padoue* ne soit manifestement marquée d'un signe providentiel.

Eclose obscurément dans l'arrière-boutique d'une modeste marchande de lingerie, à l'insu même des saintes âmes qui en eurent les prémices, elle s'est répandue, en quatre ans, dans le monde entier.

En Europe, en Asie, en Afrique, en Amérique, partout on invoque, à cette heure, saint Antoine de Padoue, et partout s'opèrent, en son nom, les mêmes merveilles.

Un souffle vivifiant semble traverser nos sociétés décrépites, la Foi endormie se réveille, la Charité qui s'éteignait dans les âmes reprend conscience de la mission qu'elle est destinée à remplir dans l'œuvre de notre relèvement social, et, devant cette irruption soudaine et déconcertante du surnaturel, au milieu de générations plongées dans les boues du matérialisme, l'Espérance retrouve ses ailes.

Or quand, cherchant à se rendre compte des origines de cette dévotion si nouvelle et si touchante, on se demande d'où est parti ce mouvement merveilleux qui, de proche en proche, gagne toutes les villes, se propage partout et met en branle l'univers chrétien; quand on veut découvrir le germe de cet arbre d'une vitalité si prodigieuse, qui pousse un rejeton nouveau tous les jours, et dont le magnifique épanouissement arrache des cris d'étonnement et d'admiration aux esprits jusqu'ici les plus réfractaires aux idées mystiques, c'est à peine si l'on ose en croire les faits.

C'est que les œuvres de Dieu se conduisent d'une manière bien différente des œuvres humaines.

L'ordinaire faiblesse des fondateurs est de vouloir souvent tout prévoir, et de ne rien laisser au hasard.

Ici pas de plan préconçu, pas de savante combinaison.

Un accident vulgaire provoque un acte de foi et de charité. Cet acte en engéndre d'autres dont Dieu récompense la simplicité, et, quatre ans après, sans qu'on ait su comment, une œuvre était fondée disposant de ressources d'autant mieux garanties que la Providence toute seule s'était chargée de les fournir.

Car c'est une chose à noter tout de suite, l'œuvre du *Pain des Pauvres* de Toulon qui fournit le pain blanc, le beau pain de saint Antoine à une cinquantaine d'œuvres diverses du diocèse de Fréjus, n'a pas de budget, elle ne possède pas un sou assuré.

Il y a dans les asiles, les orphelinats, derrière les grilles du cloître, des vieillards, de petits enfants, des vierges chrétiennes qui, trois fois par jour, les bras en croix, disent à Dieu : *Donnez-nous aujourd'hui notre pain quotidien.*

Et Dieu entend cette prière, et confie chaque jour aux clients de saint Antoine le soin de procurer à ces suppliants le pain demandé.

L'abandon complet, total, absolu à la Providence, telle est, en effet, la caractéristique de l'œuvre du Pain.

Ainsi se fondent les œuvres de Dieu.

C'est lui qui inspire, suscite, dirige et agit.

Heureuses les âmes qui, s'abandonnant à Lui sans réserve, savent comprendre que la véritable grandeur de l'homme consiste à n'être, dans la main divine, que des instruments.

*
* *

« Qui aurait pu penser, nous dit souvent, en souriant, celle qui se glorifie du titre d'intendante de saint Antoine, qu'en brisant une serrure j'allais fonder une œuvre... »

C'est pourtant de cet incident banal que tout part.

Cette humble chrétienne, inopinément secourue dans un moment d'embarras, qui se hâte de payer sa dette à saint Antoine et de donner aux pauvres le pain promis; ces amies, encouragées par son exemple, qui expérimentent à leur tour, avec un succès égal, le crédit trop longtemps méconnu du grand saint, et confient à l'inspiratrice de leur dévotion le soin de distribuer elle-même, et comme elle l'entendra, leurs offrandes, tout cela, c'est l'œuvre du Pain des Pauvres qui fait ses débuts.

Quelle attention méritait-elle?

Il fallut, ainsi que le raconte mademoiselle Bouffier, le flair diabolique d'une feuille maçonnique à l'affût des occasions d'attaquer l'Église, pour découvrir, dans un coin perdu de Toulon, ce germe nouveau de superstition.

Ce jour-là le reporter du *Petit Var* eut la main heureuse.

Jusqu'alors la dévotion à saint Antoine n'était guère sortie d'un cercle étroit d'âmes dévotes. Mais, à dater du jour où le *Petit Var* eut la malencontreuse idée d'en plaisanter, la renommée du saint aux miracles atteignit enfin le grand public.

On peut soupçonner que ce n'est pas précisément ce but que se proposait la feuille libre-penseuse. Mais Dieu se sert quelquefois du diable pour prêcher son Évangile et glorifier ses saints.

*
* *

Pour répondre à la légitime curiosité de tous ceux, et ils ne se comptent plus, qui chaque jour instituent saint Antoine le confident de leurs peines et de leurs épreuves, nous dirons plus loin dans quelles circonstances précises fut suscitée cette dévotion d'une forme si particulière, qui, associant, dans un même acte, la foi, l'espérance et la charité, imprime, en quelque sorte, à l'aumône promise, le caractère sacré du vœu, et la rend, par suite, plus agréable à Dieu.

Nous le dirons, avec tous les détails qu'il nous a été permis de recueillir, et il en est de véritablement émouvants, mais ce ne sera pas, du moins, sans avoir d'abord laissé à sa propagatrice le soin de nous l'apprendre elle-même.

Si connue que soit la lettre par laquelle mademoiselle Bouffier en racontait les débuts touchants au R. P. Marie-Antoine, le religieux capucin du couvent de Toulouse si populaire dans le Midi, nous ne saurions nous dispenser de lui donner une place dans ce volume.

On y verra que la moins étonnée d'avoir fait une œuvre, sans le vouloir et sans le savoir, ne fut pas celle qui se serait sûrement récriée d'épouvante, quel que fut son zèle pour la gloire de Dieu, si elle eût pu seulement soupçonner à quelle écrasante besogne saint Antoine la destinait.

*
* *

Malgré notre très vif désir d'écarter de ce travail tout ce qui pourrait ressembler à de la polémique, nous ne pouvons nous dispenser, toutefois, de dire un mot des tentatives qui ont été faites pour démontrer que ce qui se passait à l'arrière-boutique n'était, en somme, qu'une imitation de ce qui se faisait ailleurs, et depuis longtemps.

Mais l'honneur de la vérité avant tout.

Dans une petite brochure que nous nous abstiendrons de désigner davantage, on a prétendu que l'Œuvre du Pain de Saint Antoine était une dévotion fort ancienne. On est allé même jusqu'à citer le lieu où elle aurait eu, jadis, sa première application.

Inutile d'insister sur ce que ces revendications

intempestives ont de puéril. Elles ne reposent, d'ailleurs, sur aucun fondement sérieux.

Avant que mademoiselle Bouffier n'en ait eu l'inspiration, personne n'avait entendu parler de cette dévotion.

Mais qu'importe, après tout, que l'on ait commencé ici ou là, à promettre à saint Antoine du pain pour les pauvres, en retour d'une grace spirituelle ou temporelle, puisqu'il est prouvé que le saint exauce partout ses clients et qu'il n'y a pas d'Église ou d'oratoire qui puisse se flatter d'avoir le privilège exclusif de ses faveurs.

C'est ce qu'ont grand tort d'oublier ceux qui revendiquent si mal à propos le privilège de l'invention.

Ayons donc des idées plus larges !

Des préoccupations purement humaines se mêlent toujours, on le sait, aux entreprises les plus saintes. Il est infiniment rare que des hommes, pourtant judicieux et clairvoyants, et sincèrement dévoués, par ailleurs, aux œuvres de zèle, échappent toujours au danger de ne voir que leur affaire, de tout y rapporter, et, par suite d'y introduire à leur insu de l'exclusivisme. Il faut prendre l'humanité comme elle est.

En témoin assidu qui, depuis les premiers jours du mois d'août 1893, a pu suivre constamment les événements et se rendre compte des faits, nous avons le devoir de dire que ce n'est pas de ce fâcheux esprit que *l'Œuvre du Pain de Saint Antoine* est animée à Toulon.

Le plus vif désir de celle que la Providence a spécialement destinée à la fonder et à la promouvoir, est qu'elle devienne universelle. Elle y travaille de toutes ses forces. On ne compte plus les paroisses et les communautés religieuses qui en doivent la création à son zèle. C'est à ce point qu'écrasée par une correspondance *entièrement manuscrite* de près de deux mille lettres par mois, elle a dû rédiger une petite note explicative sur la marche à suivre pour établir l'Œuvre du pain, et, pour ainsi dire, la manière de s'en servir, avec l'indication des moyens qui en assurent le succès dans l'arrière-boutique de saint Antoine.

C'est sur tous les points de la France qu'elle répand ce prospectus inusité, et, à sa grande joie, cette semence féconde lève partout.

C'est en comparant l'humilité des débuts de cette œuvre, avec son prodigieux accroissement, en voyant le grain de sénevé devenu ce grand arbre qui bientôt étendra ses rameaux puissants sur le monde entier, qu'on ne peut s'empêcher de reconnaître et de proclamer que, visiblement, le doigt de Dieu est là.

*
* *

Providentiellement conduit au berceau de cette œuvre, au moment où le bruit de ses prodiges commençait à se divulguer; admis, par une bienveillante condescendance que nous estimons à l'égal des événements les plus heureux de notre vie, à en suivre, de plus près que personne, les progrès ; improvisé, en quelque sorte, l'historiographe des « merveilles de saint Antoine » dans la *Croix du Var*, nous n'avons pu résister au désir d'en présenter simplement le tableau à la foule chaque jour croissante des suppliants du bon saint, avide d'en connaître en détail les faveurs.

C'est en même temps un devoir bien doux de reconnaissance que nous remplissons en venant raconter, dans ces pages sans prétention, ce que c'est que l'Œuvre du Pain, comment elle a pris naissance, quels faits touchants en marquèrent l'origine, ce qui se passe dans l'arrière-boutique où saint Antoine a voulu installer son culte, quels sont actuellement les progrès de cette dévotion, quels fruits elle porte et quel rayonnement lui donne une correspondance de plusieurs milliers de lettres par mois venues de tous les points du monde.

Ensuite, pour glorifier le semeur de miracles, sachant que rien n'intéresse et ne touche le lecteur comme les faits, nous ferons connaître quelques-uns des traits choisis entre mille, par lesquels se manifestent chaque jour sa puissance et sa bonté.

Puisse Dieu bénir ces pages uniquement écrites pour sa gloire, et saint Antoine continuer sa protection à celui qui, sur le seuil de cette année destinée à voir solenniser par des fêtes universelles le septième centenaire de sa naissance, ose lui élever ce modeste et pieux trophée.

II

COMMENT L'ŒUVRE A PRIS NAISSANCE

Il y avait environ quatre ans, plus ou moins, que l'Œuvre du Pain fonctionnait à Toulon, quand la Providence jugeant, sans doute, que le moment était venu d'en répandre au loin la bonne nouvelle, conduisit à son berceau celui qui allait en devenir le plus ardent et le plus infatigable propagateur.

Dans les derniers jours du mois d'octobre de l'année 1892, le R. P. Marie-Antoine, revenant de prêcher une retraite à Nice, s'arrêtait quelques heures à Toulon. Il descendit à *l'Œuvre apostolique,* alors installée dans l'ancien couvent des capucins, à la cité Montéty, pour y passer la nuit, qu'il employa presque tout entière à entendre la confession des jeunes gens de la maison. Il repartit le lendemain par le premier train.

Le récit des grâces signalées que l'on obtenait

de saint Antoine de Padoue dans l'arrière-boutique de la rue Lafayette, colporté de bouche en bouche depuis quelques mois, défrayait toutes les conversations et faisait l'admiration et la joie de toutes les âmes pieuses de la ville. Il était tout naturel qu'on en entretînt un religieux franciscain, un frère du glorieux thaumaturge.

On parla donc au R. P. Marie-Antoine de saint Antoine de Padoue. Le bruit de cette dévotion nouvelle n'était pas encore parvenu jusqu'à lui. Il ne comprit pas d'abord ce qu'on lui disait.

— Ah ! le grand saint, l'aimable saint, répliqua-t-il, c'est un grand semeur de miracles. Il faut s'enrôler dans l'association universelle qui est établie à Padoue, et propager de plus en plus sa dévotion.

On sait que le R. P. Marie-Antoine est en France le grand propagateur de cette croisade de prières.

— Mais non, mon Père, vous n'y êtes pas, lui répondit-on, ce n'est pas cela. Nous parlons de saint Antoine de Toulon. Comment ! vous ne connaissez pas le Pain des Pauvres ?

Le bon religieux, en effet ne le connaissait pas du tout. Il fallut le mettre au courant, lui raconter, en quelques mots, ce qui se passait, depuis des mois, dans l'arrière-boutique d'un humble magasin de la ville, et les prodiges qui s'accomplissaient, et les consolations que répandait cette dévotion, et les développements qu'elle prenait, et les ressources qu'elle faisait affluer dans les mains de la trésorière des pauvres.

— Ce sont, mon Père, des centaines de francs d'actions de grâces que l'on recueille ainsi par mois, et chaque jour les fidèles se pressent dans l'arrière-boutique privilégiée pour acquitter une dette ou solliciter une faveur.

On devine aisément les exclamations du Père Marie-Antoine au récit de ces merveilles, et quelles effusions s'échappaient de son cœur en entendant célébrer ainsi l'admirable saint qui se fait l'ami de tous, le protecteur et le consolateur de tous.

Ah ! si l'heure du train le lui eût permis, il se fût hâté de courir rue Lafayette pour joindre ses prières à celles des suppliants du grand saint et voir de ses yeux cette merveille dont il osait à peine croire ses oreilles. Ce fut un sacrifice qui lui aura compté devant Dieu de ne pouvoir satisfaire son impatience. Il s'est bien rattrapé depuis, il est vrai. Nous avons eu la joie, en effet, de nous agenouiller deux fois à ses côtés dans l'oratoire de saint Antoine. Il a raconté les émotions qu'il y ressentit dans une petite brochure, *Une Fleur à saint Antoine*, toute débordante de l'enthousiasme de son âme apostolique.

Il ne partit pas, du moins, sans prendre l'adresse de mademoiselle Bouffier et, à peine revenu à Toulouse il lui écrivit, la priant de lui donner les renseignements les plus précis sur l'Œuvre du Pain de Saint Antoine.

Le 15 novembre suivant, mademoiselle Bouffier, déférant à son désir, lui adressait une lettre qui, publiée, avec quelques autres empreintes du même caractère de foi et de simplicité, dans l'opuscule du R.P Marie-Antoine, les *Grandes gloires de saint Antoine*, a tant fait pour la diffusion de cette œuvre providentielle.

*
* *

Voici cette lettre qu'on ne nous pardonnerait pas de ne point reproduire dans ce récit.

Sur les origines du Pain de saint Antoine et sur l'incident qui en a été la cause, elle contient tous les renseignements souhaitables. On verra que nous n'avons presque rien à y ajouter.

Mon Révérend Père,

Vous désirez savoir comment la dévotion à saint Antoine de Padoue a pris naissance dans notre ville de Toulon; elle s'est développée, mon Révérend Père, comme toutes les œuvres du bon Dieu, sans bruit, sans fracas et dans l'obscurité; il y a environ quatre ans, je n'avais aucune connaissance de la dévotion à saint Antoine de Padoue, si ce n'est que j'avais entendu dire, vaguement, qu'il faisait, en le priant, retrouver les objets perdus.

Un matin, je ne pus ouvrir mon magasin, la serrure à secret se trouvait cassée; j'envoie un ouvrier serrurier, qui porte un grand paquet de clefs et travaille environ pendant une heure : à bout de patience, il me dit : « Je vais chercher les outils nécessaires pour enfoncer la porte, il est impossible de l'ouvrir autrement. » Pendant son absence, inspirée par le bon Dieu, je me dis ;

« Si tu promettais un peu de pain à saint Antoine pour ses pauvres, peut-être te ferait-il ouvrir la porte sans la briser. » Sur ce moment, l'ouvrier revient, amenant un compagnon. Je leur dis : « Messieurs, accordez-moi, je vous prie, une satisfaction ; je viens de promettre du pain à saint Antoine de Padoue pour ses pauvres : veuillez, au lieu d'enfoncer ma porte, essayer encore une fois de l'ouvrir ; peut-être ce saint viendra-t-il à notre secours. » Ils acceptent, et voilà que la première clef qu'on introduit dans la serrure brisée ouvre sans la moindre résistance, et semble être la clef même de la porte. Inutile de vous dépeindre la stupéfaction de tout ce monde, elle fut générale. A partir de ce jour, toutes mes pieuses amies prièrent avec moi le bon saint, et la plus petite de nos peines fut communiquée à saint Antoine de Padoue, avec promesse de pain pour ses pauvres. Nous sommes dans l'admiration des grâces qu'il nous obtient. Une de mes amies intimes, témoin de ces prodiges, lui fit promesse instantanément d'un kilogramme de pain, tous les jours de sa vie, s'il lui accordait pour un membre de sa famille la disparition d'un défaut qui la faisait gémir depuis vingt-trois ans ; la grâce fut bientôt accordée, et ce défaut n'a plus reparu : en reconnaissance elle acheta une petite statue de saint Antoine de Padoue dont elle me fit présent, et nous l'installâmes dans une toute petite pièce obscure, où il faut une grande lampe pour y voir. C'est mon arrière-magasin. Eh bien ! le croiriez-vous, mon Révérend Père ! toute la journée cette petite chambre obscure est remplie de monde qui prie, et avec quelle ferveur extraordinaire ! Non seulement tout le monde prie, mais on dirait que chacun est payé pour faire connaître et répandre cette dévotion.

C'est le soldat, l'officier, le commandant de marine

qui, partant pour un long voyage, viennent faire promesse à saint Antoine de cinq francs de pain par mois, s'il ne leur arrive aucun mal pendant tout le voyage. C'est une mère qui demande la guérison de son enfant, ou le succès d'un examen ; c'est une famille qui demande la conversion d'une âme chère qui va mourir, et ne veut pas recevoir le prêtre ; c'est une domestique sans place, ou une ouvrière qui demande du travail, et toutes ces demandes sont accompagnées d'une promesse de pain si elles sont exaucées. Eh bien ! mon Révérend Père, pour vous donner une idée des grâces journalières qu'obtient notre bien-aimé saint Antoine de Padoue (puisque l'on ne paye qu'après la grâce obtenue), il a été déposé le mois dernier dans le petit tronc placé à ses pieds la somme de *cinq cent trente-neuf francs*, ce qui nous a permis d'acheter *treize cents kilogrammes* de beau pain blanc pour les pauvres, et il en est de même généralement tous les mois.

Ce qui surtout a donné le plus de développement à cette chère dévotion, c'est un article ironique que le journal impie de notre ville a inséré dans ses colonnes ; cet article était à mon adresse et me dénonçait au public comme coupable d'entretenir la superstition dans notre ville... Je me suis réjouie en le lisant, et ce que j'avais prévu est arrivé ; d'un petit mal Dieu a tiré un grand bien ; Il est si puissant et si bon ! .

Nous avons en ce moment des promesses fabuleuses de pain ; nous en avons trois de mille francs, sans parler des petites promesses dont le nombre est incalculable, et les grâces se multiplient.

Nous recevons journellement des *mandats-poste* accompagnés de quelques gracieuses lignes de remerciement au bon saint Antoine ; il nous en arrive de partout : de Lyon, de Valence, de Grenoble, de Montpellier, de Nice, de Grasse, de Marseille, d'Hyères, et de mille autres endroits; nous avons même reçu d'un commandant faisant partie de l'expédition du Dahomey *quarante francs ;* il nous les envoyait du champ de bataille.

Il faudrait des volumes, si l'on voulait enregistrer les grâces déjà obtenues, tant spirituelles que temporelles.

Vous désirez aussi savoir, mon Révérend Père, comment est distribué ce beau pain blanc de saint Antoine ; le voici : nous avons fait une liste des communautés pauvres, d'orphelins et d'orphelines de toute la région, sans oublier les bonnes Petites Sœurs des Pauvres, et sitôt qu'il y a de l'argent en caisse, à tour de rôle, nous demandons à quelle date une de ces communautés désire une journée de pain, et, à jour fixe, elle reçoit *cinquante, quatre-vingts, cent kilogrammes de pain;* cela dépend du personnel de la maison, et lorsque les enfants aperçoivent au réfectoire le beau pain blanc, ils reconnaissent que ce n'est pas celui de la maison, et joignant les mains tous ensemble, ils font monter vers le bon saint Antoine une fervente prière accompagnée de mille VIVATS ! Ce procédé doit être agréable à ce bon Saint, puisqu'il bénit de plus en plus cette chère petite œuvre.

En terminant, mon Révérend Père, permettez-moi d'implorer un souvenir dans vos prières pour celle que le bon saint Antoine a daigné choisir pour sa petite intendante, afin que je devienne de plus en plus chère à cet aimable Saint par mon humilité et l'oubli de moi-même.

Votre très humble en Notre-Seigneur.

LOUISE BOUFFIER.

Toulon, 15 novembre 1892.

*
* *

Puisqu'il plut à Dieu de se servir de cette circonstance banale d'une serrure cassée pour susciter une dévotion dont les progrès confondent véritablement l'imagination, il n'était évidemment pas sans intérêt de fixer, d'une manière certaine, la date de cet événement. Si, humainement parlant, elle n'a aucune importance, ses conséquences inattendues, au point de vue surnaturel, lui en donnent une très grande.

On a fait appel de divers côtés, à maintes reprises, aux souvenirs de mademoiselle Bouffier. Un excellent aumônier, d'un patronage de Paris, aux Batignolles, dans le but, disait-il, de mieux satisfaire la légitime curiosité des fidèles et de mieux exciter leur zèle, lui écrivait de Paris à la date du 16 novembre 1894 :

« Est-ce bien en novembre 1888 qu'eut lieu l'ouverture miraculeuse du magasin, comme on peut le conclure de votre lettre du 15 novembre 1892 au R. P. Marie-Antoine ? »

— Oh ! bien, répond mademoiselle Bouffier, s'il fallait noter toutes les fois qu'une serrure se dérange ?...

Si vagues que fussent ses souvenirs, à cet égard, il nous parut qu'il y avait un moyen très simple de retrouver la date précise de l'accident ; c'était d'invoquer le témoignage de celui qui l'avait réparée.

Je résolus donc de recourir au serrurier qui avait ouvert la serrure. On me le désigna, et, quelques secondes après, j'entrais dans le magasin de M. Bouvant, quincaillier, lampiste et serrurier rue Lafayette, n° 30; un voisin.

Je me présente et expose à M. Bouvant le but de ma démarche.

— Je voudrais, monsieur, si cela vous est possible, connaître le jour exact où vous avez ouvert la serrure du magasin de mademoiselle Boufflier. Il doit y avoir, de cela, cinq ou six ans environ.

— Rien de plus facile, si cette petite opération a été passée sur mes livres, me répond M. Bouvant, de la meilleure grâce du monde. Vous dites, monsieur, qu'il doit y avoir six ans.

— A peu près, monsieur. Vers la fin de 1888 ou dans les premiers mois de 1889.

M. Bouvant prend ses registres et les compulse. Ils contenaient, pour les années indiquées, quelques articles au nom de mademoiselle Boufflier, mais rien qui se rapportât à la fameuse serrure.

— Il se peut, me dit-il, que ce travail m'ait été payé comptant.

— Puisque nous y sommes, si nous consultions l'année 1890?

— Comme vous voudrez.

Rapidement, M. Bouvant feuillette le livre et me dit :

— Boufflier... attendez, je crois que nous y

ommes; oui, voici votre affaire... une serrure ·hangée... c'est le 12 mars 1890.

— Voulez-vous me permettre, monsieur, de coier cet article ?

— Très volontiers.

Je pris une plume et, sur un coin du petit bureau, je transcrivis les lignes suivantes :

Le 12 mars 1890. Remis une serrure neuve à gorge en place; temps passé pour ouvrir avec la serrure fermée, 2 fr. 50.

Fait une plaque en tôle pour devant de la serrure avec entaille, 1 fr.

Au dessous cette note : « Payé le 5 juillet 1890. »

*
* *

Ce fut donc le 12 mars 1890, que mademoiselle Bouffier démantibula sa serrure. Les gens soucieux d'exactitude seront satisfaits.

Cette enquête évidemment n'eût pas été nécessaire, si, du jour où l'on s'aperçut que les visiteurs de l'arrière-boutique, en s'en allant, laissaient des offrandes sur les meubles, on avait eu la précaution d'enregistrer les recettes. Mais on comprend que personne n'en ait eu l'idée. Il semblait à mademoiselle Bouffier, qu'à tenir une comptabilité régulière de ces ressources providentielles, d'ailleurs minimes, il y aurait eu de sa part un peu d'affectation. Des menues pièces de monnaie qu'elle trouvait le soir en fermant son magasin, elle achetait le lendemain du pain pour les vieillards des Petites-Sœurs des Pauvres. Elle se réjouissait de donner ainsi chaque jour un sac plus ou moins volumineux de beau pain blanc à ces héroïques servantes des vieillards. Mais pas plus elle que ses compagnes ne se seraient imaginé qu'elles assistaient à la naissance d'une œuvre destinée à un tel retentissement.

Ce sont ces tout premiers débuts obscurs, inaperçus, même par celles dans les mains desquelles saint Antoine faisait passer ses premières largesses, qu'il aurait fallu noter avec soin. La Providence s'y montrait visible, quoique personne encore ne l'aperçût. De quels parfums de piété, de charité et de simplicité ne furent-ils pas embaumés !

Il nous a été donné d'en recueillir quelques souvenirs pieusement conservés par les premiers témoins de ces prodiges.

Dans l'asile où il lui plaisait de manifester de nouveau le crédit dont il jouit sur le cœur de Dieu, saint Antoine fut insensiblement associé à tous les événements de la vie et aux plus vulgaires incidents de la journée. C'était un hôte qu'on était heureux d'abriter. Il faisait partie de la maisonnée. Pas un souci qu'on ne lui confiât, pas une préoccupation dont il ne reçût la confidence. Et avec quelle touchante simplicité on en usait avec lui. On l'interpellait vingt fois par jour pour lui réclamer telle grâce vivement sollicitée par quelque âme affligée, et on l'invitait à se âter, s'il voulait du pain pour ses pauvres. Et aint Antoine montrait à tous qu'il était présent, u'il entendait ces naïves supplications, et il faiait assaut de générosité avec ses clients.

*
* *

Rapportons des premiers mois de son séjour ans l'arrière-boutique un trait charmant.

C'était de longue date la coutume de bon ombre de nos pauvres curés des régions monagneuses du Var de recourir, dans leurs difficultés, à la servante de saint Antoine, qui n'était encore que la pourvoyeuse des missionnaires. Certains desservants, perdus dans les solitudes alpestres, se considéraient un peu comme des missionnaires en pays lointains, et, à ce titre, prélevaient une part sur les dons qui affluaient à la rue Lafayette pour les missions d'Asie et d'Océanie.

Un jour, notre excellent ami l'abbé Chapeau, alors curé de Brovès, actuellement curé de Giens-Hyères, désireux de doter sa pauvre église d'un ornement qui fît honneur à la maison de Dieu, se risqua à écrire à mademoiselle Bouffier qu'elle le rendrait le plus heureux des curés, si elle pouvait lui procurer pour sa paroisse un conopée et un tour d'autel.

Ce n'est pas ce qui pouvait embarrasser celle qui pourvoit avec tant de générosité aux besoins des apôtres des pauvres sauvages ; mais le digne curé de Brovès ne voulait pas un ornement vulgaire. Il prétendait que les deux objets demandés fussent en drap d'or. Il en donnait une raison : ses paroissiens, disait-il, n'en avait jamais vus de semblables.

C'était une dépense de quatre-vingts francs environ.

Fort empêchée de trouver, dans ses réserves, ce que réclamait l'abbé Chapeau, et désirant cependant le satisfaire, mademoiselle Bouffier n'y vit qu'un moyen : c'était de recourir à saint Antoine et de lui confier son embarras. Se tournant alors vers le saint elle lui dit :

— Bon saint Antoine, vous voyez ce qu'on me demande et vous savez bien que je ne l'ai pas. Je suis absolument déterminée à ne pas m'occuper de cette affaire; elle me coûterait trop cher. Mais débrouillez-vous; si vous me faites avoir ce qu'on me réclame, bien volontiers je vous promets trois francs pour vos pauvres.

C'est le ton dont il faut parler à saint Antoine, quand on veut en être entendu. Il ne fut pas sourd à cette naïve supplique.

Dans la même journée, mademoiselle Bouffier recevait pour ses missions, d'un couvent cloîtré de Sens, une caisse qui lui avait été annoncée comme ne contenant que des ornements hors d'usage. La religieuse disait : « Je vous envoie une caisse de vieilleries ; ce qui ne pourra vous être d'aucune utilité, vous le jetterez aux chiffons. »

On ouvre la caisse et au-dessus, dans un oulble compartiment en papier très fort, on dé- ouvre, *en pièce*, le drap d'or exactement néces- aire pour le tour d'autel et le conopée ; et la frange en or qui devait les compléter, et à laquelle le curé de Brovès n'avait pas songé.

— Cela me coûta six francs de façon, ajoutait mademoiselle Bouffier, en nous racontant la chose, et je pus, moyennant cette petite somme, et mes trois francs de pain bien entendu, faire confectionner ce que me demandait le petit curé. On devine notre joie et la sienne.

Jamais, en effet, on n'avait rien vu d'aussi beau dans le pays !

III

41, RUE LAFAYETTE

C'est dans la partie Est de la ville, à quelque cent mètres des nouvelles artères percées, il y a une trentaine d'années, sur l'emplacement des fortifications qui entouraient Toulon quand Bonaparte en fit le siège, qu'est située la rue Lafayette. Elle continue, mais en formant avec lui un angle presque droit, le cours du même nom. C'est un des points les plus vivants et les plus pittoresques de la ville, et comme la ligne de démarcation entre le vieux Toulon aux rues noires et tortueuses et les nouveaux quartiers pleins d'air et de lumière.

Spacieuse, bordée de larges trottoirs et plantée de platanes qui en font l'été une promenade charmante, la rue Lafayette offre le matin un spectacle des plus intéressants ; c'est là que se tient le marché aux légumes et aux fruits.

Dans la double haie des jardiniers, installés, ous de vastes parasols en toile écrue, des deux ôtés de la chaussée, la cohue bruyante et baiolée des ménagères, des camelots, des soldats t des marins envoyés en corvée pour quelque arré d'officiers, est extrêmement curieuse à examiner; un peintre y trouverait de piquants sujets d'étude.

Derrière cet amoncellement de produits agricoles encore tout baignés de rosée, choux, carottes, tomates, salades, etc., apercevez-vous cette devanture de magasin, cette vitrine où sont exposés des objets de lingerie et des broderies de prix? Les panneaux en sont peints en noir; de minces filets jaunes en relèvent les moulures. Une porte cintrée assez basse s'ouvre tout à côté; c'est la porte de la maison. L'encadrement de la porte et la façade, jusqu'à la hauteur du premier étage, sont également enduits d'une couche de couleur noire, agrémentée de filets jaunes. La clef de voûte de la porte, en saillie formant console, porte ce chiffre en jaune 41. Sur l'enseigne, en grosses lettres un nom : Bouffier. C'est là.

Arrêtez-vous. Le spectacle que vous avez sous les yeux vaut la peine d'être regardé.

Les clients, dans ce magasin, se succèdent presque sans interruption. Le défilé commence dès les premières heures du jour et se continue jusqu'au soir.

C'est un public très divers et très mélangé. On voit entrer et sortir des dames, des ouvriers, des

2

femmes du peuple, des maraîchères, quittant un instant leur éventaire, des officiers de marine, souvent du *plus haut grade*, des ecclésiastiques, des religieuses, des soldats, des moines, des enfants. Toutes les classes de la société s'y rencontrent.

Des centaines de personnes passent ainsi chaque jour dans cet étroit magasin de quatre mètres de largeur sur trois mètres de profondeur, dont un vaste comptoir occupe plus du tiers et où l'on ne peut se retourner, quand il s'y trouve à la fois sept ou huit personnes.

Et tout ce monde-là vient prier.

Il y a bien quelques clients dans le nombre, ce serait trop malheureux pour mademoiselle Bouffier, et il n'est même pas rare qu'entrés sans méfiance dans ce magasin ces clients ignorent ce qui fait affluer tous ces visiteurs. Il faut voir alors les regards étonnés qu'ils promènent autour d'eux. On ne tarde guère à les mettre au fait, on les présente séance tenante à Saint Antoine et ils ne s'en vont pas sans emporter la petite brochure du Père Marie-Antoine, une statuette ou quelques médailles.

Avons-nous dit que mademoiselle Bouffier, pour répondre aux demandes des pèlerins de l'arrière-boutique, a dû ajouter à son commerce de lingerie la vente de divers objets concernant le culte du saint.

Un jour du mois de juin dernier, une dame du Muy (Var), accompagnée de sa fille, était entrée dans le magasin pour y faire quelque emplette. Sa fille apercevant la vitrine réservée à saint Antoine se prit à dire : « Ah ! vous vendez aussi des objets de dévotion... Tiens, mais ce sont des statues de saint Antoine ! »

Puis, après un silence : « Qu'est-ce que c'est, dit-elle, que cette demoiselle Bouffier, dont on parle tant ? »

Le curé de saint François-d'Assise à Marseille, M. l'abbé Brive, qui se trouvait là, et, depuis un moment, suivait cette petite scène avec une certaine curiosité, se prit à lui dire :

— Mais, mademoiselle, vous êtes ici dans le magasin de mademoiselle Bouffier.

La jeune fille demeura un peu interloquée.

La mère à ces paroles s'écria : — Mais, c'est la Providence qui nous a conduites ici. Tu sais bien, ma fille, si je t'ai priée souvent de venir demander ta guérison à saint Antoine.

— Oh ! moi, je ne crois pas à saint Antoine, reprit la jeune fille, je n'ai confiance qu'en saint Joseph et je le prie beaucoup.

— Rien n'empêche que vous ne recouriez aussi à notre bon saint, dit mademoiselle Bouffier en introduisant la mère et la fille dans l'arrière-boutique.

On les vit s'agenouiller toutes deux, prier un instant avec ferveur et déposer une offrande. En s'en allant elles emportèrent deux statues du saint.

Quelques semaines plus tard la grâce était obtenue, car à la date du 26 juillet 1894, en réponse à un accusé de réception pour l'offrande envoyée, voici ce que la jeune fille écrivait :

« Chère demoiselle,

» J'ai lu votre affectueuse lettre avec un indicible plaisir. Je suis la jeune fille qui suis entrée dans votre magasin ignorant se trouver dans le sanctuaire béni de saint Antoine ! ! Lorsque vous avez eu la bonté de m'en avertir, nous avons prié, maman et moi, pour ma guérison et c'est depuis ce jour qu'un mieux sensible s'est produit. Je puis dire qu'aujourd'hui je vais tout à fait bien. Aussi que de reconnaissance et d'actions de grâces ne devons-nous pas à ce saint thaumaturge !

» Veuillez, je vous prie, chère demoiselle, relater cette miraculeuse guérison dans vos annales, ou petits livres du saint, afin que la piété et la dévotion ne ralentissent jamais en France.

» Recevez, mademoiselle....

» Marie R. »

*
* *

En parlant du lieu béni et plus que modeste où l'on vénère saint Antoine on dit couramment « l'oratoire ». C'est un terme impropre.

D'oratoire, dans le vrai sens du mot, c'est-à-dire une pièce exclusivement réservée à des exercices du culte, il n'en existe pas à la rue Lafayette. Une arrière-boutique tout uniment.

Dans ce réduit, sur une cheminée de construction bizarre, trop haute pour une cheminée de salon, trop basse pour un potager de cuisine, une tatue du saint. C'est devant cette cheminée que 'agenouillent de vraies foules.

Saint Antoine sait bien pourquoi il s'est choisi ette boutique pour y installer son œuvre. Quelue jour sans doute il nous l'apprendra.

Ce qu'on ne saurait nier, en attendant, c'est que ette intrusion du surnaturel au milieu des réoccupations vulgaires d'un commerce de déail, est bien la chose la plus extraordinaire qu'on it vue depuis longtemps.

On cite la demeure de quelques saints, leur celule, la chambre qu'ils habitèrent, que la piété es générations transforma par la suite en chaelle. Mais que Dieu ait permis qu'un saint, sept siècles après sa mort, vienne inopinément se aire honorer dans un magasin, quasi sur la voie ublique, et que, grâce à son intervention, tout aturellement, sans qu'on y prît garde, ce magain se trouvât transformé en oratoire, tout en ardant sa première destination, c'est, croyonsous, ce qui est véritablement inouï.

Notez que, dans l'étroite maison qu'elle habite et qui ne comporte en long et en large qu'une pièce pourvue d'une unique fenêtre à chaque étage, et d'un escalier en colimaçon fort incommode, 'l n'y a d'autre pièce que l'arrière-boutique où ademoiselle Bouffier puisse prendre ses repas.

Il y a mieux, tous les matins, avant que les ortes du magasin ne s'ouvrent, on allume du eu sous la cheminée de saint Antoine, pour vaquer à certains travaux de repassage.

Aussi n'est-il pas rare de voir des personnes s'agenouiller à côté de mademoiselle Bouffier pendant qu'elle déjeune avec ses compagnes. C'est admis. Saint Antoine n'interrompt jamais ses audiences. Il est visible tout le jour.

Il faut, d'ailleurs, pour s'en faire une idée, avoir vu avec quelle simplicité on en agit avec le saint et avec son intendante.

Les visiteurs traversent, en saluant, le magasin, pénètrent dans l'arrière-boutique, prient à genoux quelques instants, déposent leurs offrandes et se retirent, sans qu'on prenne seulement garde à eux.

— Cela doit tout de même vous amener de nouveaux clients, dit-on quelquefois à mademoiselle Bouffier.

— Détrompez-vous, cela fait fuir les anciens.

Elle écrivait à une amie du Tarn, son auxiliaire dans l'Œuvre des missions :

« Le peuple pour voir saint Antoine est si nombreux dans ma pauvre maison que cela empêche la vente. Les personnes qui achètent n'aiment pas à avoir tant de témoins. J'ai encore diminué mon chiffre d'affaires cette année. C'est le cas de dire pauvre au milieu des richesses. Le bon Dieu doit être content. »

*
* *

Il y a les habitués de l'oratoire, ceux qui acomplissent un pèlerinage quasi quotidien. Ils ppartiennent à diverses catégories.

Mais ce qui est intéressant à examiner, ce sont es nouveaux clients, ceux qui viennent pour la première fois, et qui craignent de se tromper, des messieurs graves, des abbés, des étrangères, souvent venus entre deux trains de Nice ou de Cannes. Ils passent et repassent devant la porte, interrogeant l'enseigne, jetant un coup d'œil furtif dans l'intérieur du magasin. N'y voyant rien qui ressemble à une chapelle, ils n'osent se risquer. Il arrive parfois qu'une femme du voisinage, en passant, leur dit : Vous ne vous trompez pas, c'est là. Vous cherchez saint Antoine?

D'autres fois, Mademoiselle Bouffler, devinant leur embarras, se montre sur le pas de la porte :

— Vous voulez voir notre bon saint, messieurs? entrez donc.

Il y a les clients honteux, ceux qui craignent d'être aperçus. Et qu'on en pourrait nommer qui recourent à saint Antoine, sans oser l'avouer! De loin, ils guettent mademoiselle Bouffler, lui glissent à la hâte leur offrande dans la main, en passant, et filent d'un air très affairé.

La jeune femme d'un officier de marine s'était mis en tête de faire entrer son mari dans l'oratoire pour que le saint lui fît la faveur d'être porté sur le tableau d'avancement. Plusieurs fois il avait accompagné sa femme jusqu'à la porte, mais là le cœur lui avait manqué. Pris d'un irrésistible accès de respect humain, il était promptement revenu sur ses pas.

Un jour, enfin, sollicité avec plus d'instance par sa femme qui le suppliait de lui donner cette satisfaction en somme bien anodine, il se décida. Mais il fallut faire une concession. Au lieu d'entrer par la porte du magasin, il s'introduisit dans l'arrière-boutique en passant par la porte de la maison.

A peine cette opération délicate était-elle menée à bien que la jeune femme, agenouillée devant le saint, s'écria dans un transport de joie: « Saint Antoine, mon mari est venu vous voir. Maintenant vous ne pouvez pas faire autrement que de l'exaucer. »

Quelques jours plus tard ils revenaient tous deux, le mari et la femme, mais cette fois par la porte du magasin, et déposaient cinquante francs dans le tronc des actions de grâces. Ils étaient enfin exaucés.

Ce qui paraîtra plus étonnant, c'est qu'il y ait des clients absolument réfractaires. Ce sont ceux que le saint exauce, qui s'acquittent envers lui et qui, bien loin de venir le remercier dans son oratoire, affectent de ne pas donner dans ces superstitions.

Un matin, une dame bien connue de Toulon est abordée, sur le cours Lafayette, par un monsieur rien moins que clérical.

— Madame, dit-il, voulez-vous être assez aimable pour vous charger de remettre cette petite somme à l'oratoire de saint Antoine?

Et il lui tend un billet de cinquante francs.

— Mais, monsieur, répond la dame, que n'allez-vous la porter vous-même?

— Oh! pour ça non, reprend l'incrédule d'un air scandalisé, jamais de la vie! Tenez, je vais vous dire la vérité. Je n'y crois pas à votre saint. J'en entendais beaucoup parler, et je ne sais comment l'idée bizarre m'est venue de le mettre à l'épreuve. «Tout de même! m'étais-je dit, si telle chose se réalisait, je donnerais bien cinquante francs.» Ma promesse était à peine formulée que l'événement s'est produit tel que je le souhaitais. C'est une pure coïncidence, évidemment. Toutefois je n'ai qu'une parole. Je suis trop honnête homme pour ne pas m'exécuter. Obligez-moi donc, je vous prie, madame, de remettre cette somme à l'arrière-boutique que vous savez bien.

La dame acquiesce avec bonne grâce. Le monsieur remercie, salue, et en s'en allant :

— C'est égal, dit-il, vous savez, je n'y crois pas à votre saint.

Il serait à prouver si, dans le fond, il était aussi incrédule qu'il le voulait paraître. Mais se montrer, en public, dans l'oratoire! Le respect humain de ces fortes têtes est souvent bien réjouissant.

En revanche, il n'y a pas de sentiment plus étranger, d'ordinaire, aux dévots de saint Antoine. Nous en citerons des traits admirables. Bornons-nous à rappeler ici celui d'une mère de famille.

Un télégramme venait de lui annoncer le succès de son fils reçu aux examens du baccalauréat. En toute hâte elle apportait au saint un billet de banque de 100 francs. Chez elle tout le monde ignorait encore la bonne nouvelle. Elle avait voulu, avant tout, remercier saint Antoine et accomplir sa promesse. Les yeux baignés de larmes de reconnaissance, elle disait, agenouillée devant la statue : « Bon saint, vous êtes le premier à le savoir !... »

Parmi les clients assidus, citons des ouvriers chrétiens qui se sont donné la mission de répandre la dévotion à saint Antoine dans l'arsenal. Ils viennent à la rue Lafayette se pourvoir de petites médailles du saint qu'ils distribuent à leurs camarades. Ils ne les offrent pas indifféremment à tous, mais personne ne les refuse, et ils ne sont pas peu surpris parfois de voir que tels et tels auxquels ils avaient cru devoir s'abstenir d'en proposer, se plaignent de cette abstention comme d'une offense, et se risquent à leur en demander, alléguant la femme et les petits auxquels cela fera plaisir.

Presque tous les soirs encore ce sont des soldats, séminaristes pour la plupart, qui viennent prier le thaumaturge. Ces visiteurs ne s'en vont jamais sans emporter, sous le bras, enveloppé dans un numéro de la *Croix du Var*, un pain, un de ces beaux pains de saint Antoine que, par une attention délicate et toute maternelle, on leur réserve chaque jour sur une fournée.

Mais il est une catégorie de clientes que nous ous en voudrions d'oublier.

Il n'est pas rare qu'à de certaines heures où 'oratoire est moins fréquenté, des femmes des uartiers mal famés de Toulon, qui ne sont pas rès loin de la rue Lafayette, se hasardent à énétrer dans l'arrière-boutique.

Se souvenant de la miséricordieuse bonté avec aquelle le Sauveur accueillait les pécheresses, nademoiselle Boufller se ferait scrupule de leur nterdire l'accès de l'oratoire.

Elles entrent, timides, hésitantes, et l'émotion e mademoiselle Bouffier est profonde, quand elle 'oit ces pauvres filles se prosterner au pied du aint et lui demander leur conversion avec des anglots. Qu'elle est touchée de leur humilité! a réserve de leur attitude montre qu'elles ont onscience de leur indignité, et sentent vivement a faveur qui leur est faite.

— Comment voulez-vous, nous disait made-noiselle Bouffier, que je refuse de les laisser ntrer? Vous seriez remué, comme je le suis oi-même, si vous pouviez voir avec quelle effu-ion elles me remercient, les larmes aux yeux.

Le chaste bienheureux qui fit une si rude guerre ux passions humaines, et, partout où s'exerça on zèle, refréna, avec de si prodigieux succès, le ébordement des mœurs, doit avoir sûrement des egards de miséricorde attendrie pour ces péche-esses qui viennent, en pleurs, à ses pieds, lui demander la force de rompre des liens détestés.

IV

L'ARRIÈRE-BOUTIQUE

Mais c'est trop nous arrêter sur le seuil de l'oratoire que s'est choisi saint Antoine.

Pénétrons dans cette arrière-boutique dont la renommée est devenue universelle.

On y accède de plain-pied par une petite porte vitrée qui la met en communication avec le magasin. C'est la seule ouverture par laquelle elle reçoive de la lumière. Il y fait donc très sombre. N'étaient une veilleuse posée dans un coin et la clarté de deux ou trois cierges que la piété de certains visiteurs fait brûler sur une table, on aurait quelque peine à distinguer les objets qui vous entourent.

3 mètres de long sur 2 mètres 25 de large, d'un mur à l'autre, telles sont exactement les dimensions de ce réduit. Mais tant s'en faut, comme on

va le voir, que le public puisse disposer de tout cet espace.

Immédiatement devant la porte, à une distance de 50 centimètres à peine, et masquant les deux tiers de la cheminée construite au fond de la pièce, et sur laquelle est posée la statue du saint, se dresse, devant vous, une double rangée de huit énormes caisses en bois de 50 centimètres de profondeur sur 85 centimètres de largeur. Ces caisses sont remplies de lingerie, de marchandises toutes prêtes pour la vente.

Telle est l'exiguïté du logement qu'occupe mademoiselle Bouffier que, le voulût-elle, il lui serait matériellement impossible de caser ces boîtes autre part. Les nécessités de son commerce l'obligent d'ailleurs à les avoir constamment sous la main.

Parfois des visiteurs, et le R. P. Marie-Antoine tout le premier, choqués par cette pyramide aussi disgracieuse qu'encombrante et qui, nous l'avouons, donne à l'arrière-boutique un air de pièce de débarras, ont exprimé le regret que mademoiselle Bouffier ne se fût pas préoccupée de la faire disparaître. Il est certain que cela faciliterait l'accès de l'oratoire. On pourrait alors de la porte du magasin apercevoir complètement la statue du saint, dont on n'entrevoit guère que la moitié, et quoique le réduit ne trahisse aucun désordre et soit d'une propreté parfaite, l'aspect en serait plus décent.

— Du tout, répond mademoiselle Bouffier, de

ce ton vif et décidé qui lui est familier. Pourquoi faire ? Nous ne sommes pas ici dans une chapelle. C'est une arrière-boutique, ne l'oubliez pas. Puisqu'il a convenu à saint Antoine de s'y loger, il faut qu'il s'en accommode telle qu'elle est.

En franchissant le seuil, on oblique légèrement à gauche pour tourner cette muraille de caisses de bois blanc dont nous venons de parler. On passe, en l'effleurant, à côté du buffet appuyé contre le mur, à gauche, car le défilé est étroit.

Nous voici dans l'intérieur. Maintenant, entre la table appuyée contre le mur de gauche perpendiculairement au buffet, dont il n'est séparé que par l'espace exactement nécessaire pour caser une chaise, et les caisses, empilées le long du mur de droite, nous allons trouver suffisamment de place pour nous agenouiller un instant.

Peut-être serons-nous un peu gênés tout de même, car il y a déjà trois personnes prosternées dans l'oratoire. Mais on se serrera. En se mettant un peu les uns sur les autres, on arrive enfin à se placer.

L'espace réservé à la cohue des pèlerins est en largeur de 1 mètre 10. Eh bien ! on ne croirait pas ce qu'on arrive à tenir là-dedans. J'y ai vu parfois, agenouillées, jusqu'à dix personnes à la fois. Et puis, quand la presse est trop grande, quand on ne peut plus du tout pénétrer, on a la ressource de se mettre à genoux, tout simplement, dans le magasin. J'ai vu des messieurs s'y résigner, sans le moindre respect humain, en attendant qu'il leur fût possible d'approcher du tronc.

*
* *

Rien, dans l'ameublement ou l'ornementation de l'oratoire, qui trahisse la moindre intention de viser à l'effet. C'est la simplicité même. Abstraction faite de la statue du saint, c'est la banalité d'une arrière-boutique quelconque.

Au-dessus de la table, à une certaine hauteur, sur une console en plâtre coloriée, sans proportion avec ce qu'elle supporte, une mignonne statuette de saint Antoine entre deux touffes de fleurs artificielles. « C'est le fondateur », dit mademoiselle Bouffier quand elle en parle. De chaque côté, deux chromolithographies vulgaires : le Sacré-Cœur de Jésus et le Sacré-Cœur de Marie. Plus bas, une lithographie coloriée reproduisant, en partie, le saint Antoine de Murillo. C'est un don du R. P. Marie-Antoine qui l'apporta de Padoue.

Des statuettes du saint en plastique de diverses grandeurs, blanches ou décorées, d'autres en métal pour la vente, sont alignées sur la table, à côté des cierges plantés dans des chandeliers, en cuivre pour la plupart. Un de ces chandeliers est en faïence émaillée. Il fut apporté par une de ces malheureuses dont nous notons plus haut les visites furtives. Pour être sûre, quand elle vient remettre un cierge, ce qui lui arrive fréquemment, qu'on le fera brûler tout de suite, et ne voulant gêner personne, elle avait demandé, par un sentiment de délicatesse, qu'on lui permît d'offrir un chandelier à saint Antoine et elle avait acheté le plus beau qu'elle avait pu trouver.

Portez enfin vos regards sur le maître de céans.

Voilà l'aimable et glorieux saint de Padoue, « le thaumaturge de l'Église universelle », ainsi que le nomme le décret de canonisation; le voilà dans l'attitude traditionnelle, portant l'Enfant-Jésus sur le livre entr'ouvert. A la hauteur où il est posé, un homme de taille moyenne, debout, peut atteindre de ses lèvres les pieds de la statue.

Par les soins des pieuses compagnes de l'intendante du saint, la cheminée sur laquelle il est placé a été transformée en autel; ou plutôt en reposoir. Une pente de velours grenat à franges d'or, rehaussée de fleurs délicates, roses et lys, peintes à la main sur l'étoffe, et du monogramme du saint, recouvre le haut de la cheminée. C'est un don de la communauté des *Servantes de Marie* de Paris. Un tapis très ordinaire cache, dans la journée, les fourneaux disposés dans le bas.

C'est là qu'on place la grande caisse fermée où sont entassées les suppliques venues de tous les points du monde.

Des candélabres et des vases de fleurs en métal doré achèvent la décoration de l'autel. On y dépose aussi fort souvent des gerbes de fleurs fraîches; mais, dans cette pièce peu aérée, on ne pourrait guère les conserver sans en être incommodé. Aussi les envoie-t-on à la paroisse le plus tôt possible, à moins que les visiteurs, par dévotion, ne s'en partagent les débris.

Un soir, devant nous, un jeune enseigne de vaisseau, après avoir prié saint Antoine, demanda la permission de détacher d'un gros bouquet un œillet et quelques violettes. Il désirait les envoyer à sa fiancée. Ce message d'un amour chrétien, ravi à l'arrière-boutique privilégiée, dut sûrement toucher le cœur de celle à qui il était destiné.

Aux pieds du saint, un petit reliquaire doré en forme d'ostensoir contient une parcelle du crâne de saint Antoine, détachée de la relique insigne que l'on vénère dans l'église de Cuges (Bouches-du-Rhône). Ce fut le R. P. Marie-Antoine qui voulut bien céder ce petit fragment.

Enfin, tout à côté, sur un petit support recouvert de papier doré, mis en communication avec une sonnette électrique, une petite boîte carrée, à coulisse, une espèce de tirelire en bois : c'est le tronc, le tronc inépuisable dont nous parlerons plus loin en détail. Dès qu'on enlève le tronc, la sonnette retentit.

Nous aurons tout dit sur le trône dressé à saint Antoine dans ce pauvre sanctuaire, quand nous aurons ajouté que, tous les trois mois, on en renouvelle la décoration. Il n'en coûte, d'ailleurs, aucune dépense à ses sacristines. La piété des fidèles pourvoit à tout. C'est à de pauvres paroisses que la desserte de saint Antoine est envoyée, et elles en font leurs jours de fêtes.

*
* *

La grande statue d'un mètre trente que l'on vénère actuellement dans l'arrière-boutique est la troisième image du saint qui ait été exposée dans ce lieu à la vénération publique. L'histoire de cette triple succession mérite d'être contée en détail.

Nous ne redirons pas dans quelles circonstances la première, la petite statuette, fut offerte à mademoiselle Bouffier par une amie. On en peut lire le récit dans la lettre au R. P. Marie-Antoine. Cette amie, ne sachant où trouver un saint Antoine de Padoue, confia le soin de l'acheter à un religieux mariste de nous bien connu, qui la bénit et devint ainsi l'initiateur du nouveau culte rendu à ce grand serviteur de Marie que fut saint Antoine de Padoue.

On plaça cette statuette, sans cérémonie, sur une des étagères du buffet, au milieu des tasses à café. C'est devant elle qu'on venait prier, et tout du long de la journée on trouvait, çà et là, sur les soucoupes et dans les tasses, des sous et de menues pièces de monnaie. De savoir qui apportait ces offrandes, c'est ce dont on s'inquiétait peu. Ce furent les premières recettes anonymes de saint Antoine.

« En voyant ainsi tant de gens venir s'agenouiller dévotement devant mon buffet, j'eus honte un jour, raconte mademoiselle Bouffier, de n'offrir à leur vénération qu'une statuette de si peu d'apparence; je résolus de me procurer une statue plus convenable. J'en achetai une de soixante centimètres environ. Elle me coûta trente francs. Je fis poser cette console historiée que vous voyez là; j'y plaçai mon saint, avec un tronc pour les offrandes.

» Quand cette petite emplette fut faite, une de mes amies me dit : « Mademoiselle, vous donnez tous les matins un pain à saint Antoine pour qu'il bénisse votre commerce; si vous m'en croyez, puisque vous venez de faire pour lui une dépense de 30 francs, vous feriez peut-être bien de supprimer votre pain pendant quelque temps, afin de vous rattraper un peu. — Vous avez raison, » lui dis-je, sans penser à mal.

» Nous fîmes ainsi, et dès le lendemain nous cessâmes de déposer dans le tronc la valeur du pain promis.

» Or, vous allez voir ce qui arriva.

» Les gens continuaient, comme par le passé, à venir prier dans l'arrière-boutique, avec le même empressement. Seulement, pendant les cinq ou six jours qui suivirent, on n'apporta plus d'offrandes. Le tronc restait vide. Rien, pas un sou. Les recettes quotidiennes s'arrêtèrent net. Nous étions un peu attrapées, nous n'y comprenions rien du tout.

» Très frappée de cette interruption subite que

nous ne nous expliquions pas, mon amie (notons en passant que c'est sa servante que mademoiselle Bouffier qualifie ainsi), un soir qu'en vérifiant le contenu du tronc, nous venions d'éprouver pour la cinquième ou sixième fois la même déception, mon amie ne put se tenir de s'écrier : « Mais, enfin, pourquoi saint Antoine nous refuse-t-il maintenant ses faveurs ? — C'est, répondis-je, que le bon Dieu veut éprouver notre foi. N'allons pas nous troubler pour si peu. Acceptons l'épreuve que Dieu nous envoie et bénissons-le tout de même. — Non, reprit mon amie, je sens que je vous ai donné un mauvais conseil. C'est moi qui suis cause que nous ne recevons plus de pain pour nos pauvres. Je suis sûre que le saint nous boude parce que je vous ai fait supprimer votre pain. — Ah ! bien, m'écriai-je, s'il est si *fachette* que cela, saint Antoine, dépêchons-nous de lui rendre son argent. »

» Nous fîmes, sur-le-champ, le compte de ce qui lui revenait ; ce n'était pas grand'chose, une vingtaine de sous, à peu près. Nous les déposâmes dans le tronc, sans plus attendre.

» Le soir même, saint Antoine nous restituait nos recettes. »

*
* *

Il y avait environ quatre ans que les clients de saint Antoine s'étaient accoutumés à vénérer cette statue très convenable d'ailleurs, et qui faisait fort bien sur le petit autel en marbre blanc dont on avait orné la cheminée. L'installation semblait à tout le monde définitive. On ne supposait pas qu'on pût jamais songer à la remplacer par une autre.

Aussi l'étonnement fut-il grand et, s'il faut le dire, la déception assez vive, lorsqu'un beau jour, à la place de la statue, à laquelle on était habitué, on vit se dresser, au fond de l'arrière-boutique, un saint Antoine monumental, posé simplement sur la cheminée, sans autel, sans le moindre support. D'ailleurs, le peu d'élévation du plafond s'y serait opposé.

Il y eut des exclamations de regret.

— Oh! pourquoi l'avez-vous changé? Ce n'est plus notre saint Antoine! Mais qu'en avez-vous donc fait?

— Il est en route pour l'Océanie, répondait mademoiselle Bouffier; je l'ai envoyé à mes missionnaires. Il est allé faire des merveilles chez nos sauvages. Au surplus, ce n'était pas le fondateur, vous le savez bien. Notre premier saint Antoine de l'arrière-boutique, le voilà, ajoutait-elle, en désignant la petite statuette primitive. Et puis, qu'est-ce que cela vous fait, une image ou une autre? Est-ce que vous croyez que c'est la statue qui vous exauce?

Elle se fût bien gardée, d'ailleurs, de faire cette acquisition coûteuse. Voici comment lui vint cette statue.

Un matin, dans son volumineux courrier, elle

3.

trouve une lettre de Belgique. C'était une dame qui, pour rendre grâce d'une grande faveur obtenue, envoyait 100 francs pour le pain des pauvres, 100 francs pour des honoraires de messe, et, désireuse de faire quelque chose pour l'oratoire, offrait en outre une statue du saint.

Mademoiselle Bouffier, qui n'est jamais embarrassée pour placer les dons de ce genre, n'hésita pas une minute :

— Envoyez, écrivit-elle en remerciant.

Nous nous souvenons de l'enthousiasme des bonnes femmes du marché, lorsque, un matin, sur le trottoir de la rue Lafayette, — la caisse était énorme, on avait dû renoncer à l'introduire dans la maison, — on déballa, en public, l'envoi de Belgique. Quand le gracieux saint, dans sa robe brune, tenant le petit Jésus sur son bras, apparut aux yeux émerveillés des assistants, des cris d'admiration s'élevèrent de toute part.

— *Mon Dioù qu'es bèu! — Semble quė va parla !* (1) disaient, les mains jointes, d'un air de componction, les maraîchères attroupées.

Des clameurs de protestation s'échappèrent de toutes les poitrines, quand la foule, qui grossissait de minute en minute, s'aperçut qu'on se disposait à transporter dans la boutique le saint enfin complètement débarrassé de son emballage.

— *Mai perque loù levon ? Laissa lou !* (2) criait-on.

(1) Mon Dieu qu'il est beau ! On dirait qu'il va parler !

(2) Mais pourquoi l'enlève-t-on ?... Laissez-le !...

Il était cependant urgent de l'enlever, car de nouveaux admirateurs accouraient, et il ne convenait pas que, sous prétexte de rassemblement sur la voie publique, il prît fantaisie à la police de dresser procès-verbal à saint Antoine.

Avec quelque simplicité que la substitution eût été faite, elle ne fut pas, dans les débuts, du moins, nous l'avons dit, du goût de tout le monde. Témoin cette dame qui, le jour où elle remarqua le changement, en fut choquée comme d'un manque de goût, et ne put se tenir, en s'en allant, de dire à mi-voix, d'un air précieux, à une personne qui l'accompagnait : « C'est dommage que les œuvres ne sachent pas conserver le cachet de simplicité de leurs débuts. »

— Mon Dieu, madame, répliqua en souriant mademoiselle Boufller, à laquelle la remarque maligne n'avait pas échappé, il faut croire pourtant que saint Antoine n'en est pas fâché. Plus il grandit dans son oratoire, plus il se montre généreux.

Si nous osons donner notre avis, il nous semble que tout fut ainsi pour le mieux.

Convenait-il que saint Antoine ne parût être qu'un accessoire dans son arrière-boutique ?

Non, il était nécessaire qu'il en constituât le principal ornement.

En inspirant à une généreuse chrétienne la pensée délicate de ce don, la Providence se chargeait elle-même de prendre possession du lieu où elle désirait que fût publiquement honoré le saint que sa bonté redonne, comme une suprême chance de salut, à une époque qui, trop oublieuse du surnaturel, a désappris l'efficacité de la prière et la puissance de l'aumône.

Maintenant, d'ailleurs, que l'on s'est de nouveau habitué, peu à peu, à ce saint de grandeur naturelle qui emplit l'arrière-boutique de sa haute stature, et devant lequel tout le reste disparaît, rien ne saurait rendre l'indéfinissable sentiment de piété joyeuse et confiante que l'on éprouve à le contempler dans la pauvre demeure qu'il s'est choisie.

Que de fois n'avons-nous pas été témoin de la stupéfaction que ce spectacle inattendu, invraisemblable, causait à des étrangers !

Le récit des merveilles du saint, de ses générosités inépuisables les plongeait dans le ravissement.

Rapprochant alors les prodigieux développement de l'œuvre qui partout, à cette heure, multiplie le pain, sans mesure, du modeste et obscur réduit dans lequel ils se trouvaient, et qui avait été son berceau, ils ne pouvaient retenir leurs larmes.

On devine avec quel regret les étrangers quittent ce lieu privilégié, et quels souvenirs ils en veulent, du moins, emporter.

Une dame de Chambéry accompagnée de ses deux filles, venues tout exprès pour prier saint Antoine *chez lui*, lui faisaient, un matin, leurs derniers adieux. Tout à coup, sous prétexte de marchander un objet de lingerie exposé dans la vitrine, une des deux jeunes filles prie mademoiselle Bouffier de sortir une minute. A peine apparaissait-elle sur le seuil, qu'un léger cri de joie lui fit apercevoir, sur la chaussée, l'autre jeune fille qui, armée d'un appareil instantané, venait de photographier, et la boutique de saint Antoine et son intendante, dans le cadre de la porte.

— Positivement les gens sont fous, nous disait en riant mademoiselle Bouffier.

Et ce religieux, dont parle le P. Marie-Antoine dans son petit opuscule *Une fleur à saint Antoine*. Sur le point de partir pour les missions, il supplia ses supérieurs de le laisser s'arrêter à Toulon. Il passa de longues heures dans l'oratoire, priant avec une ferveur inexprimable, et remerciant saint Antoine d'une grande grâce obtenue. Avant de partir, sortant de sa poche un calepin, il demanda la permission de prendre un croquis du lieu où il avait trouvé tant de consolations. Il en dessina les moindres détails, pour en emporter le souvenir. « O heureuse demoiselle, s'écria-t-il en se retirant. Quel petit paradis! J'ai visité les plus grands sanctuaires du monde, mais nulle part mon cœur n'a éprouvé tant d'émotion et goûté tant de délices. »

Ne quittons pas nous-mêmes l'arrière-boutique, sans rappeler la visite qui pouvait toucher le plus le cœur de l'humble hôtesse de saint Antoine, celle du premier pasteur du diocèse, de Mgr Mignot, évêque de Fréjus et de Toulon.

Ce fut le 12 mars 1894, le lundi dans la semaine de la Passion, que Mgr Mignot, de passage à Toulon, honora de sa visite l'oratoire.

Voici en quels termes la *Croix du Var*, dans son numéro du 14 mars, raconta cet événement :

Avant de quitter Toulon, Sa Grandeur, accompagnée de M. le vicaire général Agarrat, a daigné venir visiter la petite arrière-boutique de saint Antoine de Padoue, rue Lafayette, 41, d'où est sortie une vraie bénédiction pour les œuvres pauvres de son diocèse. Il n'a pas été fourni, l'année dernière, moins de *cent huit mille quatre cents kilos de beau pain blanc.*

Monseigneur a paru vivement touché et intéressé par ce qu'il a vu et entendu sur les débuts modestes et sur les progrès incroyables de cette œuvre providentiellement suscitée dans son diocèse, et qui, après avoir pris les proportions que l'on sait, gagne en ce moment, de proche en proche, la France entière, opérant partout les mêmes merveilles.

Sur des notes recueillies le soir même, nous pouvons, en partie du moins, compléter ce récit sommaire.

Ce fut vers les 2 heures de l'après-midi, et tout à fait à l'improviste, que Monseigneur l'évêque arriva au numéro 41 de la rue Lafayette.

Au moment où il pénétra dans le magasin, l'arrière-boutique était en plein désarroi. Ah ! il s'en fallait de beaucoup qu'elle ressemblât alors à une chapelle. On venait de faire une vente de lingerie, tout l'échafaudage des caisses avait été démoli; il y en avait partout, sur la table, sur les haises, sur le parquet.

Surprise au milieu de ce désordre, mademoiselle Bouffier vint au-devant de Monseigneur en s'excusant, et pria Sa Grandeur de vouloir bien attendre une minute que l'on eût tout remis en place.

Dès qu'il lui fut possible d'entrer, Mgr Mignot s'agenouilla aux pieds du saint, sur le carreau nu de la pièce, avec le vicaire général Agarrat, et pria silencieusement quelques instants.

Heureuse de faire les honneurs de sa modeste demeure au vénéré prélat qui daignait lui donner ce haut témoignage de bienveillance, mademoiselle Bouffier demanda à Monseigneur s'il voulait bien compter ce qui avait été déposé dans le tronc, depuis le matin. La petite bourse fut vidée sur la table et Monseigneur, émerveillé, compta plus de 300 francs!

— Et savez-vous, Monseigneur, ajouta mademoiselle Bouffier, combien j'ai reçu de lettres par les deux premiers courriers de la journée?

— Quinze, hasarda l'évêque.

— Cinquante et une! Monseigneur, cinquante et une!

Mais les visiteurs commençaient à affluer. Monseigneur se leva, et dit en se retirant: « Je reviendrai, laissons prier. »

Le retentissement de cette démarche fut considérable. Jusqu'alors, par un sentiment de réserve qu'on s'explique aisément, le clergé, en général, s'était tenu à l'écart de ces manifestations. Mais dès que l'on sut que l'évêque n'avait pas dédaigné de visiter l'arrière-boutique et d'y prier, les ecclésiastiques éprouvèrent moins de scrupule et d'hésitation à s'associer au mouvement.

L'exclamation de l'un d'entre eux qui, dans l'oratoire, apprit la visite de Mgr de Fréjus, traduisait assez bien, sous une forme originale, les sentiments du plus grand nombre : « Monseigneur est venu ; alors nous sommes, maintenant, chez nous ici. »

V

LE TRONC INÉPUISABLE

Cette mignonne boîte en noyer de dix centimètres de hauteur, sur douze de largeur et sept de profondeur, placée aux pieds de saint Antoine et par où semble passer le pactole de la charité, mérite, avons-nous dit, un chapitre spécial.

Qu'elle en aurait long à nous dire, si elle pouvait nous raconter le secret de tant d'offrandes anonymes ; la faveur que paie cette poignée de monnaie de billon ou celle peut-être moins urgente et moins péniblement acquittée que solde cette liasse de billets de banque !...

Avant que mademoiselle Bouffler ne se fût avisée, pour la commodité du public et pour la sienne, de placer cette petite boîte bien en vue, on se souvient que chaque jour, avant de compter la recette, il lui fallait se livrer à la chasse des pièces de monnaie semées, sur le buffet, au hasard du caprice des visiteurs, au milieu des divers objets qui en décorent les étagères.

On recueillait, d'ailleurs, en ce temps-là, si peu de chose! Des recettes de 2 francs, de 6 francs causaient des joies ineffables. On se hâtait chaque matin d'acheter du pain pour les vieillards, car pendant les deux premières années les aumônes leur furent exclusivement réservées. Elles étaient même si peu importantes qu'à peine en avait-on suffisamment pour fournir de pain blanc *l'infirmerie* de la maison des Petites-Sœurs. On ne prenait pas la peine, bien entendu, d'enregistrer ces petites sommes.

Pourquoi, en effet, l'aurait-on fait ? Quelle suite pourrait bien avoir ce qu'on considérait un peu comme un engouement? C'eût été trop prétentieux d'ouvrir une comptabilité pour ces ressources aléatoires. Avec la même simplicité qui les faisait apporter, on les distribuait aux pauvres. C'était la joie de la journée de faire le décompte, entre amies, de ce qu'on pourrait le lendemain acheter de pain, et tout le quartier s'intéressait à la chose.

Un jour, pourtant, après de longs mois, devant la persistance du phénomène, mademoiselle Bouffier jugea qu'il serait peut-être utile de noter chaque soir la recette. Elle eut la curiosité de se rendre compte de ce que pouvaient bien donner, par mois, ces petites aumônes éparpillées.

Ce fut le 2 novembre 1891, nous avons relevé la date sur le journal de la boutique, que l'on commença à tenir cette comptabilité. La recette fut ce jour-là de 2 fr. 70. Le lendemain, 3 novembre, elle tomba à 70 centimes. Le 4, on fit 6 fr. 20.

Les recettes se maintenaient dans ces proportions : 2 fr. 10, 80 centimes, 4 fr. 25, 4 fr. 20, 3 fr.

Par exemple, le 10 novembre fut une bonne journée. On réalisa 10 fr. 50.

Ce qui est très marqué, c'est que du jour où on se décida à les inscrire, les recettes commencèrent à progresser sensiblement.

— Ce fut, nous disait mademoiselle Bouffier, comme une attention de saint Antoine qui voulait ainsi nous montrer qu'il avait pour agréable que nous enregistrions ses faveurs. Nous pouvions mieux lui exprimer notre gratitude et il nous récompensait en multipliant ses secours. C'était sa manière à lui de nous enseigner l'efficacité de l'action de grâces.

Le fait, en effet, est des plus frappants.

Après une période d'environ deux années pendant lesquelles l'œuvre végéta obscurément, sans éclipse sans doute, mais sans progrès notable, dès qu'on se résolut à la prendre au sérieux, à la traiter comme une œuvre d'avenir, elle marcha à pas de géant.

Dans le détail des trois premières semaines inscrites, la progession est déjà manifeste.

1re semaine de novembre		. . . .	17	75
2e	—	—	25	45
3e	—	—	30	50

A la rue Lafayette, on a conservé le souvenir très vif de la mémorable journée où la recette atteignit le chiffre invraisemblable, pour l'époque, de 100 francs.

C'est le 25 novembre 1891. Ce fut la plus forte journée des trois premiers mois; elle s'éleva à 162 francs. Le lendemain, on ne faisait que 22 fr.

Mais y pensez-vous, 100 francs de pain pour les pauvres dans une journée? On en parla sur le marché. La nouvelle rapidement colportée fit sensation et défraya les conversations de la matinée. Personne qui ne fût persuadé que c'était un total qu'on ne dépasserait jamais.

Maintenant, quand le tronc ne donne pas plus de 300 francs, c'est une journée très ordinaire.

Au surplus, voici, relevé avec soin sur le registre, le détail complet des recettes mensuelles depuis le 2 novembre 1891.

Rien n'approche, à notre avis, de l'éloquence de ce simple exposé.

Les deux seuls mois enregistrés de l'année 1891 donnèrent les résultats suivants :

Novembre.	299 50
Décembre	198 90

Voici maintenant les recettes complètes pour les années 1892, 1893 et 1894.

1892

Janvier	251 »
Février	286 30
Mars	328 40
Avril	373 65
Mai	340 40
Juin.	473 90
Juillet.	422 70
Août.	537 85
Septembre.	429 15
Octobre	524 70
Novembre	1.014 45
Décembre	761 40
Total de l'année. . .	5.743 90

1893

Janvier	1.072 15
Février	1.013 45
Mars	1.259 05
Avril	2.085 30
Mai	2.184 65
Juin.	3.230 60
Juillet.	3.650 15
Août	4.135 »
Septembre.	4.042 15
Octobre	4.538 95
Novembre	5.254 35
Décembre	6.016 05
Total de l'année. . .	38.481 85

1894

Janvier	5.335 85
Février	6.255 90
Mars.	7 281 80
Avril.	7.207 50
Mai	8.265 »
Juin	8.965 »
Juillet.	9.041 75
Août	11.889 35
Septembre	7.752 80
Octobre	11.434 50
Novembre	9.568 50
Décembre	14.509 »
Total de l'année. . .	108.506 »

La récapitulation par année montre la progression d'une manière encore plus saisissante :

1892.	5.443 90
1893.	38.481 85
1894.	108.506 »

*
* *

Il est aisé de supposer quelles convoitises bien intentionnées, cela va sans dire, ces chiffres sont capables d'allumer.

Il ne manque pas, hélas ! de curés dans l'embarras, ployant sous le faix de leurs œuvres, de communautés en détresse sur les divers points de la France.

Mademoiselle Bouffier en sait quelque chose !

Pour prévenir des sollicitations qui ne demandent souvent qu'un prétexte, c'est notre devoir de dire ici que les ressources, uniquement destinées au diocèse de Fréjus, sont distribuées dès qu'elles sont reçues.

L'intendante de saint Antoine ne s'inspire dans la répartition de ses richesses d'aucun principe d'économie. C'est pour du pain, le pain quotidien de plusieurs milliers de pauvres de toutes catégories qu'elles lui sont confiées, et elle se hâte de le leur faire parvenir.

Ne thésaurisant pas, elle n'a ni coffre ni banquier; pour toute comptabilité, un sac dont elle tire, sans regarder, selon les besoins des diverses œuvres qu'elle approvisionne de pain à tour de rôle, et, surtout, sans s'inquiéter de ce qui pourra rester pour le lendemain.

— « Ça, dit-elle, c'est l'affaire de saint Antoine. Mais, si je m'avisais de faire le compte de ce que je puis avoir à dépenser, ce que d'ailleurs j'ignore absolument, pour donner le pain à tous ceux qui l'attendent, mais, bien sûr, je serais effrayée. Cela me paralyserait tout à fait de faire ma caisse. Tandis qu'au contraire je n'ai aucune préoccupation, nul souci ; je m'endors le soir bien tranquille comme un *bébé*.

« Tant que le bon saint sera satisfait de mon administration, je distribuerai ses trésors. Le jour où il ne voudra plus rien me donner, eh bien ! je m'arrêterai ; je ne suis après tout que son intendante, son intermédiaire. C'est son affaire de prendre l'intérêt des pauvres qui lui réclament leur pain. »

Elle sait, d'ailleurs, et c'est ce qui la console des refus qu'elle se voit forcée d'opposer à d'innombrables demandes venant de tous les points de la France et de l'étranger, elle sait, disons-nous, que Toulon n'a pas le monopole des faveurs de saint Antoine et que le thaumaturge exauce partout ceux qui recourent à lui.

Bien loin de croire que son hôte ait prétendu accorder un privilège à son arrière-boutique et qu'il soit absolument indispensable de venir l'invoquer chez elle pour en être écouté, elle ne cesse d'inciter ses correspondants à créer l'œuvre dans leurs paroisses ou dans leurs communautés.

On ne saurait nier qu'au point de vue commercial, ce ne soit une conduite assez maladroite et dans tous les cas peu usitée. Ce n'est pas la coutume, même pour les œuvres, de se susciter elles-mêmes des concurrents. Mademoiselle Bouffier, au contraire, espère voir l'œuvre du Pain devenir universelle.

Le 28 mai 1893, elle écrivait au R. P. Marie-Antoine : « Oh ! si cette dévotion du pain des » pauvres pouvait s'établir dans chaque ville, » elle sauverait la France, puisque la charité » couvre la multitude des péchés. »

On lui disait : « Mais si l'œuvre se fonde ainsi partout, cela va nuire à la vôtre. Puisque saint ntoine semble avoir une prédilection marquée pour votre oratoire, pourquoi ne centraliseriez-vous pas les recettes ? »

Mais, pour le quart d'heure, ce seraient surtout des dépenses dont de nombreux solliciteurs désireraient qu'elle se réservât le monopole.

— « Pas du tout, répond-elle. L'œuvre a été déjà créée dans un grand nombre de villes et de villages. Tous les jours, pour répondre aux vœux des populations, de nouveaux curés l'installent en grande pompe. Même aux portes de Toulon, dans le diocèse de Fréjus, aux œuvres duquel cependant sont entièrement consacrées les ressources de l'arrière-boutique, on ne compte bientôt plus les églises où cette dévotion est établie, et l'œuvre réussit partout. Il n'y a pas de paroisse si déshéritée où les curés ne trouvent, dans les revenus qu'elle fournit, un appoint sensible pour le budget de leurs pauvres. Et plus on multiplie les foyers, plus nos ressources augmentent.

» Et, d'ailleurs, ajoute-t-elle, de quoi vous inquiétez-vous ? c'est l'affaire du bon Dieu et de saint Antoine. L'avenir, dont on se préoccupe trop, même dans les œuvres, ne me cause à moi nul souci. Il y a de braves gens qui s'imaginent que j'ai la tête cassée par les calculs et les combinaisons ; comme ils se trompent! Voilà quarante et quelques œuvres diocésaines que nous assistons, et si vous saviez avec quelle simplicité nous agissons! Encore une fois, c'est le pain quotidien que demandent nos vieillards et nos orphelins, et Dieu se charge de le leur procurer. Qu'on le lui demande donc comme nous. »

*
* *

Rien, peut-être, ne touche et n'émeut davantage les témoins de ces merveilles que la visite de ce tronc modeste qui, vidé chaque soir, s'emplit tous les jours d'offrandes dont Dieu seul connaît le secret. C'est l'invariable sujet d'admiration des étrangers auxquels on fait les honneurs de l'arrière-boutique. En voyant répandre devant eux le merveilleux contenu de la petite boîte inépuisable, il n'en est quasi aucun qui ne demande : « Mais ce sont là les recettes de combien de jours? — Mais c'est ce qui a été déposé depuis ce matin ! »

Il y a souvent 4 ou 500 francs en billets de banque, en pièces d'or, en écus, en menue monnaie, en sous. Et les témoins n'en reviennent pas.

Et tous ces dons sont anonymes. Par qui ce louis d'or a-t-il été déposé, par qui cette pièce de monnaie vulgaire, ce sou, ou ce billet de 100 francs tout frais sorti du portefeuille de la Banque de France ? Nul ne le sait que Dieu seul.

Mais le tronc s'emplit. Voilà le prodige !

« Ce qui cause surtout notre joie, » écrivait, le 4 février 1893, mademoiselle Bouffier à ses amies du Tarn, « c'est le cachet d'humilité qui enveloppe cette chère petite œuvre et qui est, vous le savez, le seul vrai caractère des œuvres de Dieu. C'est l'humilité avec laquelle chacun dépose son offrande dans le petit tronc, sans se soucier si je les connais ou si je le saurai ; et le soir, en ouvrant le tronc de saint Antoine, pour enregistrer les recettes, je trouve le sou du pauvre mêlé aux billets de banque et pièces d'or du riche. Le pain pétri avec la charité de chacun ne porte et ne peut porter qu'un nom, celui que lui donnent mes chers orphelins : *le gâteau de saint Antoine.* »

Il n'est pas rare de trouver des bijoux au milieu des pièces de monnaie. On peut croire que ces anneaux d'or, pour celles qui n'hésitent pas à s'en séparer, afin d'acquitter une dette sacrée, représentent peut-être un sacrifice plus dur que ne saurait l'être le don de la pièce dont ils tiennent lieu.

Mais, billets de banque ou monnaie de billon, toutes les offrandes sont faites avec la même simplicité. On ne met pas plus de façons pour déposer 1,000 francs que pour apporter un sou.

Le 1er mai 1894, dans l'après-midi, un inconnu, d'allure très distinguée, entre dans le magasin et va droit à l'oratoire. La presse y était grande, comme de coutume. Huit ou dix personnes en prière étaient agenouillées devant le saint. L'étranger, grave et recueilli, s'arrête à la porte et, debout, prie un instant. Au moment de se retirer, n'ayant pu approcher du tronc, il glisse discrètement un billet de banque dans les mains de mademoiselle

Boufflier en lui disant à voix basse : « Voilà, mademoiselle ! »

Un moment interdite par la rapidité avec laquelle ce mouvement avait été exécuté, mademoiselle Boufflier reconnaît bien vite la somme importante qui vient de lui être si délicatement remise : c'était un billet de 500 francs. Elle rejoint le généreux donateur sur le seuil de la porte et le prie, du moins, d'agréer ses remerciements au nom de ses pauvres.

— « Non, dit le monsieur, en essayant de se dérober ; je n'ai pas de remerciements à recevoir, c'est moi qui dois. »

Sur ce sentiment d'humilité, avec lequel on s'acquitte envers saint Antoine, mademoiselle Boufflier ne tarit pas.

Je me souviens qu'un soir, me trouvant dans l'oratoire, avec un religieux dominicain, le P. M..., alors prieur d'un couvent, dans la région, elle nous disait :

— « Mais, mon Père, ne remarquez-vous pas comme moi qu'un des effets les plus sûrs et les plus consolants de la dévotion en notre bon saint, c'est d'abattre l'orgueil ? Maintenant, ce n'est plus le médecin qui sauve ses malades, ni l'avocat qui gagne son procès. Cet officier de marine ne doit pas son avancement à ses protecteurs ou à son mérite personnel, pas plus que ce jeune étudiant, le succès de ses examens, à son travail, ou que ce négociant, à son habileté, l'heureuse issue d'une affaire. Non, c'est à saint Antoine qu'en revient tout le mérite.

» N'est-ce pas gracieux, mon Père, de voir ainsi le médecin, l'avocat, l'officier, l'écolier, le patron, l'employé, tout le monde enfin faire assaut d'humilité ? Ils avaient promis du pain pour les pauvres, ils ont prié, ils ont été exaucés, et voilà pourquoi cette opération a réussi, cette difficulté a été surmontée, cet embarquement obtenu, cet examen brillamment passé. »

Oui, c'est l'efficacité de la prière et la puissance de l'aumône que saint Antoine a entrepris de réapprendre à notre société qui perdait insensiblement le goût de Dieu et des choses surnaturelles.

Le 22 novembre 1894, le directeur du grand séminaire de B..., en envoyant une offrande à mademoiselle Bouffier, exprimait bien cette pensée :

Notre-Seigneur, disait-il, veut absolument faire rentrer le surnaturel dans la vie sociale et dans nos préoccupations les plus ordinaires. A Lourdes, il distribue la vie, et à Toulon les biens nécessaires à la vie. Désormais, on ne pourra plus dire que la religion ne sert à rien dans ce bas monde : elle a les promesses de la vie présente et celles de la vie future.

* * *

Un jour de trouble pour l'intendante de saint Antoine fut le 17 août 1894. Elle ne s'en remit pas de la journée, et demanda formellement au

4.

bon saint de lui épargner à l'avenir de semblables émotions.

Avait-on essayé d'enlever le tronc? Au contraire, comme on va voir.

Le matin, à la première heure, on procédait dans l'oratoire à la toilette quotidienne du reposoir. Il n'était pas entré encore plus de trois ou quatre personnes.

Pendant que la compagne de mademoiselle Bouffier, spécialement chargée d'épousseter les candélabres et les fleurs artificielles, faisait son office, elle aperçut, posé négligemment sur le tronc, un petit paquet enveloppé d'un lambeau de papier vert assez froissé.

Elle s'étonne de voir à cette place cet objet insolite. Elle interroge, mais personne ne sait ce dont il s'agit. Elle soulève ce paquet, le trouve lourd et croit d'abord à un rouleau de sous laissé par un visiteur matinal.

On déplie le paquet et, à la stupéfaction générale, il s'en échappe *deux mille francs!* quinze cents francs en billets de banque, et cinq cents francs en pièces d'or. Et pas un mot qui indiquât la provenance de cette magnifique offrande et pût permettre à mademoiselle Bouffier d'adresser, au moins, un mot de remerciement.

Saint Antoine permit, toutefois, le lendemain, que l'anonyme fût découvert par nous. Il n'avait passé qu'un jour à Toulon, mais ne s'était pas montré qu'à la rue Lafayette. Nous avions eu l'occasion de le rencontrer, peu d'instants après qu'il eut fait son coup qui ne s'était pas encore ébruité.

Quand le soir, à l'arrière-boutique, on nous dépeignit les trois ou quatre personnes qu'on pouvait soupçonner de cette offrande, nous fûmes aux regrets de l'avoir connue si tard.

Le lendemain, sur le quai de la gare de Toulon, nous assistions au départ des pèlerins qui se rendaient à Lourdes pour se joindre au pèlerinage national. Les employés du chemin de fer venaient de fermer les voitures; le train pour s'ébranler, n'attendait plus que le coup de sifflet du chef de gare. Nous nous disposions à regagner la sortie, quand, accoudée à la portière d'un compartiment de troisième classe, nous aperçûmes la personne dont le signalement nous avait frappé. Le temps de sauter sur le marche-pied, notre visiteur de la veille nous reconnut aussitôt.

— Monsieur, lui dis-je à brûle-pourpoint, vous êtes allé hier visiter saint Antoine?

Le trouble immédiat de notre interlocuteur nous parut de bon augure pour le succès de notre investigation, peut-être indiscrète.

— Savez-vous ce qu'on a trouvé dans l'oratoire après votre départ?

Il hésita.

— Allons, insistai-je, je vous promets le secret, je ne le dirai qu'à mademoiselle Bouffler... C'est vous, n'est-ce pas, qui avez déposé incognito le petit paquet vert?

Il lui devenait difficile de s'en défendre.

— Je vous en prie, monsieur, donnez-moi votre nom.

Il recula dans la voiture, avec un geste de protestation.

Le chef de gare venait de lancer son coup de sifflet, auquel la corne du conducteur du train répondit tout aussitôt.

— Allons, dis-je, tentant un suprême effort, et prêt à lâcher la poignée de la portière. Je vous promets que mademoiselle Bouffier seule le saura.

La locomotive siffla. « Prenez garde, s'il vous plaît, » me cria le chef d'équipe.

Enfin, au moment où le train s'ébranlait, l'anonyme me souffla son nom dans l'oreille. Il était temps !

Ce nom n'était pas inconnu dans l'oratoire ; c'était un correspondant assidu, mais on ne l'avait jusqu'alors jamais vu.

Quoi qu'il en soit, il ne m'appartient pas de trahir son incognito et je m'accuse même d'avoir mis peut-être trop d'insistance à lui faire avouer son acte. Il est vrai que j'avais l'excuse de l'importance de l'offrande. Elle faisait supposer une faveur de choix. J'avais l'espoir de la connaître, pour en enrichir mon récit. Je veux me persuader que le départ intempestif du train est la seule raison pour laquelle je l'ignore encore.

Mais les deux mille francs ne parlent-ils pas assez éloquemment ?

On se souvint alors dans l'oratoire que la veille, en se retirant, il avait dit : « Ah ! que de faveurs nous accorde votre saint Antoine !... »

*
* *

Pour les aumônes apportées directement chaque jour à la rue Lafayette, l'anonymat, d'ailleurs, est la règle.

A l'air plus ou moins réjoui des visiteurs, tout au plus si l'on peut se permettre d'augurer que leur offrande en vaut la peine.

Souvent, après le départ de quelque étranger, dont les allures trahissaient une vive satisfaction, on se prend à dire : « Saint Antoine a bien travaillé aujourd'hui ; nous aurons ce soir une bonne bourse. » Et l'on ne se trompe guère.

Nous nous souvenons notamment de deux inconnus, un monsieur et une dame qui, le 26 novembre 1894, vers le soir, entrèrent dans l'arrière-boutique.

En sortant, leur prière faite, le monsieur dit, en souriant : « Il faut veiller sur votre tronc, mademoiselle, il est plein. » Et en toute hâte les voilà partis.

On constate, en effet, que de l'étroite ouverture passe un bout de papier. Trois billets de banque de 100 francs pliés ensemble. Ce n'était pas tout. Aux pieds de la statue on découvre une petite enveloppe. Quelque supplique, pense-t-on. On allait la joindre à toutes celles qui reposent dans la caisse fermée, sous le manteau de la cheminée, quand on eut l'idée d'y regarder : elle n'était pas cachetée et contenait cinq autres billets de 100 francs.

Mais comme ils avaient l'air content, la dame et le monsieur, d'avoir ménagé cette bonne surprise à l'intendante !

Or, ne pensez-vous pas, — à une époque aussi positive que la nôtre, où l'on ne connaît que trop le prix de l'argent, que ce soit un miracle, de voir ceux qui possèdent se résoudre non-seulement à de pareils sacrifices, mais mettre cet empressement joyeux à s'acquitter de leurs promesses? Le dicton vulgaire suivant lequel il y a deux choses qu'on a toujours le temps de faire : payer et mourir, n'a évidemment pas cours chez les clients de saint Antoine. Ils manifestent autant de joie à envoyer leur argent que le grand nombre, d'ordinaire, éprouve de déchirement à s'en séparer. L'aumône large, spontanée, généreuse, faite avec allégresse, sans retard et sans arrière-pensée, n'est-elle pas la merveille la plus étonnante de toutes celles que réalise notre saint, comme elle est également celle qui rend témoignage de toutes les autres ?

C'est le perpétuel sujet des hymnes de reconnaissance de l'humble chrétienne à qui la Providence a départi la mission de distribuer ces richesses.

Un jour, dans sa chambre, se tournant vers un grand portrait de Dom Bosco, accroché à côté du lit et qui lui vient des orphelines de Saint-Cyr (Var), dirigées par les religieuses Salésiennes, elle s'écriait dans un mouvement de gratitude :

« Quand je pense, ô grand bienfaiteur des petits enfants, à ce qu'il vous en a coûté à vous et à tous ceux qui, comme vous, furent des fondateurs d'œuvres, pour vous procurer péniblement les ressources qui vous étaient nécessaires, et à la peine qu'il vous a fallu prendre, et aux chemins difficiles, ardus, par où vous avez dû passer, et que je vois avec quelle facilité ces trésors me sont donnés, je suis confondue de reconnaissance et d'admiration. Cet or qu'on ne ramasse qu'à la sueur de son front, même pour les meilleures œuvres, et surtout pour celles-là, vous avez voulu, bon saint Antoine, qu'on me l'apportât. Oui, ce sont les clefs du coffre-fort que vous m'avez remises dans les mains !... »

VI

UN GROS COURRIER

Un soir, au moment où le facteur effectuait, à la rue Lafayette, la quatrième distribution de la journée, j'eus l'idée de lui poser la question suivante :

— Combien connaissez-vous de personnes à Toulon qui reçoivent plus de lettres que mademoiselle Bouffier ?

Le facteur se prit à sourire et me répondit :

— Ma foi, monsieur, je ne pense pas qu'il y en ait beaucoup.

— Mais encore, à peu près, combien ?

— A dire vrai, je crois qu'il n'y en a pas.

Je m'en doutais, mais je n'étais pas fâché d'en avoir, comme on dit, le cœur net.

Cinquante, soixante, et parfois soixante-dix lettres par jour ! De trois à quatre cents lettres ar semaine, c'est un courrier ! Et quel courrier !

Nous dirions qu'il est légendaire à la poste, si à la longue on ne s'y était habitué. Le personnel en est venu, à cet égard, à ne plus s'étonner de rien. Dans les débuts, ce courrier faisait la joie des employés, non pas seulement par la quantité, mais encore par la variété des provenances et surtout l'imprévu des adresses d'un grand nombre de ces lettres. On se le passait, nous a-t-on dit, de main en main, et le courrier invraisemblable de saint Antoine semblait à certains une énigme incomréhensible.

Nous avons voulu, pour en donner quelque dée, relever exactement les bureaux de départ es lettres de tout un courrier. C'était le 3 décembre. Prenant le paquet, nous avons dressé a liste des 56 lettres qu'il contenait, en les insrivant dans l'ordre où elles se présentaient.

On va voir qu'au point de vue de la renommée e l'humble magasin de la rue Lafayette, cette iste ne manque pas d'intérêt.

Jaffna (ile de Ceylan) ; — Dijon ; — La Crau (Var) ; — 'aris ; — Rochefort-sur-Nemon (Jura) ; — Castres Tarn) ; — Lésignan (Aude) ; — Cabaret (Landes) ; — ournon (Ardèche) ; — Paris ; — Hesdin (Pas de Calais) ; Oran (Algérie) ; — Besançon (Doubs) ; — La Valette-u-Var ; — Nontron (Dordogne) ; — Cassis (Bouches-du-Rhône) ; — Epinal (Vosges) ; — Paris ; — Parthenay Deux-Sèvres) ; — Château-Gontier (Mayenne) ; — onzac (Charente-Inférieure) ; — Faverges (Haute-

Savoie) ; — Grenoble (Isère) ; — Anvers (Belgique) ; — Lyon ; — Laforêt-Ouvray (Orne) ; — Vernagoz (Suisse); — Lengué (Maine-et-Loire) ; — Mons (Belgique) ; — Lablachère (Ardennes) ; — Villemur (Haute-Garonne) ; — Paris ; — Bletterans (Jura) ; — Paris ; — Charleroi (Belgique) ; — Arc (Haute-Saône) ; — Saint-Flour (Cantal); — Clermont-Ferrand (Puy-de-Dôme) ; — Thonnay (Charente) ; — Saint-Thibéry (Hérault) ; — Nolay (Côte-d'Or) ; — Wojézyrna (Pologne russe) ; — Lyon, la Croix-Rousse ; — Turin (Italie) ; — Marseille ; — Amboise (Indre-et-Loire) ; — Comines (Nord) ; — Auffay (Seine-Inférieure) ; — Toul (Meurthe-et-Moselle) ; — Flins-sur-Seine (Seine-et-Oise) ; — Aubusson (Creuse); — Puch (Lot-et-Garonne) ; — Herbignac (Loire-Inférieure) ; — Fréjus (Var) ; — Saint-Marcellin (Loire) ; — Salernes (Var) ; — Toulouse (Haute-Garonne).

Quand nous affirmons que le facteur de saint Antoine est, de beaucoup, le plus occupé de tous les facteurs de la bonne ville de Toulon, on voit que nous ne disons rien de trop. Quelle est la maison de commerce ou l'administration de cette ville qui pourrait se flatter de recevoir un courrier pareil, et d'être en relation avec tant de pays divers ?

Mais c'est la façon dont l'adresse d'un très grand nombre de ces lettres est libellée qui est plus extraordinaire encore. Qu'on en juge par quelques spécimens.

Au grand saint Antoine de Padoue, le bienfaiteur des déshérités, Toulon (Var). — Au petit réfectoire de saint Antoine. — A saint Antoine du Pain, Toulon. — A la maison de saint Antoine. — Madame la lingère de saint Antoine. — Mademoiselle la directrice du petit saint Antoine. — Saint Antoine de Toulon. — Mademoiselle Bouffier, pour remettre à son protecteur, saint Antoine du Pain. — Mademoiselle qui a chez elle l'oratoire de saint Antoine de Padoue. — Mademoiselle X..., œuvre de saint Antoine. — Mademoiselle L. Bouffier, directrice de l'institut Saint-Antoine. — Mademoiselle Bouffier, heureuse protégée de saint Antoine. — Saint Antoine de Padoue, dans son arrière-boutique. — Mademoiselle Bouffier, dispensatrice des trésors de saint Antoine. — Au généreux panetier saint Antoine de Padoue, en sa paneterie principale, Toulon. — Mademoiselle Bouffier, arrière-boutique des miracles. — La très digne mademoiselle Bouffier, Toulon. — A la dame de l'arrière-boutique des grâces de saint Antoine. — Mademoiselle Louise Bouffier, possédant la statue de saint Antoine de Padoue. — Saint Antoine, chez mademoiselle Bouffier. — Mademoiselle Bouffier, chez saint Antoine, etc., etc.

Comment ne voulez-vous pas que les employés de la poste s'amusent ?

Et toutes ces lettres parviennent à destination.

Car il ne faut pas s'y méprendre, *saint Antoine, Toulon*, c'est une raison sociale, et des mieux cotées.

C'est déjà quelque chose de remarquable sans doute. Souvent les mandats eux-mêmes ne portent pas d'indications plus explicites. Beaucoup de bons de poste sont envoyés tout simplement à saint Antoine. Mais comme il est avéré que mademoiselle Bouffier a la procuration du bon saint, tout lui est payé sans difficulté.

La renommée de l'arrière-boutique merveilleuse s'est d'ailleurs répandue si loin que les bureaux de poste rectifient parfois eux-mêmes, très obligeamment, les adresses incomplètes ou douteuses. Puisque c'est un des privilèges les plus certains de notre saint de faire retrouver les objets perdus, c'est le moins qu'il veille aux intérêts de ses pauvres et empêche que les lettres qui leur sont destinées ne s'égarent en chemin.

*
* *

Mais songez-vous à cette avalanche ! Deux mille lettres par mois, au bas mot !...

Mademoiselle Bouffier décachète seule son courrier; elle lit tout, avec un soin religieux, et le plaisir qu'elle éprouve à parcourir la dernière lettre, qui quelquefois se trouve être la trois centième — pour peu qu'elle ait quatre ou cinq jours de retard, — est aussi vif, nous disait-elle, que si c'était la première qu'elle lût.

Et à toutes ces lettres une réponse sera faite : promesse de prières, ou remerciement pour offrande envoyée. Que l'aumône soit de 5 francs ou de 1,000 francs, le client de saint Antoine aura son accusé de réception : le même merci gracieux et cordial. Parfois, quand l'adresse est incomplète, elle écrit à tout hasard. Et si la lettre, tombée au rebut, lui revient au bout de quelque temps décachetée : « Tant mieux, dit-elle, elle aura été lue à la poste. Cela ne leur aura pas fait de mal ! »

Cette obligation qu'elle s'est faite de répondre ainsi à toutes les lettres paraît à quelques-uns une exagération. « Pourquoi, lui dit-on, envoyer à tout le monde des réponses manuscrites ? Il serait beaucoup plus simple et moins coûteux de faire imprimer de petites formules de remerciement.

— « C'est cela, des lettres imprimées, dit-elle, des circulaires, des prospectus ! Ce serait convenable ! Mais qui se donne la peine de les lire aujourd'hui ? On en reçoit tant ! Vous savez bien ce qu'on fait des circulaires ? Le plus souvent on les jette au panier, sans les ouvrir. En lisez-vous quelquefois ! Moi, jamais.

» Et que ce serait froid ! Toujours la même réponse banale aux confidences parfois si poignantes qu'on veut bien me faire ? Ce serait très administratif, assurément, mais ce ne serait plus notre œuvre.

» C'est peut-être un peu prétentieux ce que je vais dire, ajoute-t-elle, mais tant pis. Notre chère correspondance, voyez-vous, c'est l'endroit de l'œuvre dont le pain que mangent nos pauvres n'est pour ainsi dire que l'envers. Nos amis nous fournissent le moyen de soulager les corps, mais c'est à leur âme qu'il m'est possible peut-être de faire quelque bien. Ils nous donnent du pain pour ceux qui en manquent ; mais à combien d'affamés, plus à plaindre encore, ne peut-on pas, par une lettre, faire l'aumône d'une bonne parole ?

» Puisque Dieu a daigné mettre dans mes mains cet admirable instrument d'apostolat, ne serais-je pas coupable de n'en pas user ? Elle est bien faible, bien imparfaite, sans doute, la parole que j'adresse à ces affligés. Mais Dieu, qui voit l'intention et la juge, se charge de lui communiquer l'efficacité qu'elle n'aurait pas toute seule. Sa grâce aidant, qui vous dit que ce mot tout simple, mais qui part du cœur, n'ira pas consoler une âme qui souffre, et redonner la confiance à quelque désespéré ? Ah ! si je pouvais parler ! Que de merveilles n'aurais-je pas à vous raconter sur le bien que peut opérer, dans certaines circonstances de la vie, un mot d'encouragement dit à propos, une bonne pensée suggérée ! Le moyen, d'ailleurs, d'être banal quand on parle du bon Dieu à des âmes qui en ont soif ?

» Allez donc faire cela avec des formules administratives ?

» C'est pourquoi, je ne crains pas de le dire, c'est encore la correspondance qui me cause mes joies les plus vives. C'est une lourde besogne, bien sûr, mais si consolante ! »

Et voilà pourquoi mademoiselle Bouffier s'est fait une loi de répondre à tout le monde, soit par une lettre, soit, si la somme reçue n'atteint pas au moins 5 francs, par l'envoi, comme accusé de réception, de l'opuscule du R. P. Marie-Antoine, les *Grandes gloires de saint Antoine.*

Ce petit livre a atteint son 141e mille, et pour son compte, en deux ans, mademoiselle

Bouffier en a distribué onze mille exemplaires !

A de certains jours, pourtant, quand la besogne devient écrasante, elle s'en remet à saint Antoine, et le supplie de lui accorder un peu de répit. Entendons-nous, elle ne lui demande pas de diminuer son courrier, mais d'augmenter, par exception, le nombre des lettres anonymes. Cela lui donne le temps de reprendre haleine. Et saint Antoine condescend au désir de son intendante, et sur des courriers de cinquante lettres, c'est à peine, ces jours-là, s'il y a trois ou quatre réponses à faire. Rien que des anonymes ! « Que les gens sont braves, dit-elle, et que notre saint est bon ! »

Je crois, cependant, qu'elle se ferait difficilement à ce régime, s'il se prolongeait. Il lui manquerait de pouvoir dire merci, ce qui pour elle serait une privation bien dure.

— « Mais, objectent les esprits positifs, les gens économes, tous ces frais de correspondance et d'affranchissement allègent la bourse des pauvres, c'est autant de moins pour le pain. »

Il n'y a qu'une réponse à faire à cette objection : c'est que saint Antoine a tous les profits d'une correspondance qui ne lui coûte pas un sou. Mademoiselle Bouffier en fait elle-même tous les frais, sur ses ressources personnelles. C'est elle qui paie tous les timbres.

— « Je crois pourtant, lui disait devant nous un saint religieux, que vous pourriez, sans scrupule. prélever ces menues dépenses. »

— « Non, répondit-elle, l'argent des pauvres c'est sacré ; cela me gênerait pour répondre, si je savais que c'est à leurs dépens que j'écris. Et qui peut dire, quand on sème, le petit grain qui germera? C'est pourquoi je réponds toujours. »

Mais qu'elle est largement récompensée des sacrifices qu'elle s'impose pour répandre le culte du saint, par les liens de profonde sympathie qui s'établissent entre elle et ses correspondants appartenant à toutes les classes de la société, aux plus humbles comme aux plus élevées! Aux quatre coins du monde elle a de chers amis inconnus, avec lesquels elle entretient une correspondance suivie, qui l'associent, désormais, à toutes les joies comme à toutes les douleurs de la famille.

Survient-il un décès, un mariage, on se hâte d'en informer saint Antoine de Toulon; et s'il naît un enfant, longtemps demandé au saint de la boutique, elle en apprend la nouvelle avec joie, avertie d'avance que c'est un nouvel Antoine, ou quelque nouvelle Antoinette.

Sous la variété des formules, un sentiment particulier éclate dans ces centaines et ces milliers de lettres : c'est la confiance. Elle s'affiche absolue et aussi enthousiaste, que ce soit la patricienne qui, le cœur pénétré de gratitude, remercie le saint d'avoir fait luire, aux yeux d'un mourant tendrement aimé, la lumière de la foi, qui seule a le secret d'adoucir l'amertume des derniers adieux, ou la pauvre campagnarde qui envoie son obole pour rendre grâce à saint Antoine d'avoir sauvé, contre tout espoir, sa vache malade.

Dites-nous si ce n'est pas quelque chose d'extraordinaire et d'inouï que le fait de ce prince de l'Eglise, de ce cardinal écrivant une lettre autographe à une marchande de blanc,... pour lui demander des prières.

C'est le spectacle singulier, mais touchant tout de même, dans son étrangeté apparente, que nous offrait, en octobre 1894, S. E. le cardinal Schonborn, archevêque de Prague.

Le cardinal, peut-être pour mettre à l'épreuve cette dévotion nouvelle, avait, comme nous tous, recouru à saint Antoine; il lui avait promis du pain, et, comme tant d'autres, il avait été exaucé.

Voici cette lettre :

Mademoiselle,

Je me permets de vous envoyer la somme de 20 florins ci-jointe, en vous priant de vouloir bien la distribuer à vos pauvres après avoir acheté *des pains* en l'honneur de saint Antoine de P., qui vient de m'accorder des grâces insignes pour lesquelles je me suis adressé à son intercession.

Agréez, mademoiselle, l'assurance de ma parfaite considération.

† F. Card. SCHONBORN.

Prague, ce 10 octobre 1894.

Veuillez m'accuser réception de ma lettre.

L'enveloppe portait cette simple suscription :

Mademoiselle Louise Bouffier, Toulon (France).

Je dois dire que mademoiselle Bouffier ne se doutait guère de la qualité de son correspondant, dont le nom, d'ailleurs assez difficile à déchiffrer, lui était parfaitement inconnu. Un ami, qu'elle priait de le lui lire, l'en avertit.

— « Vous avez bien fait de me prévenir, dit-elle ; j'aurais aussi bien pu lui écrire madame ou mademoiselle. »

Elle répondit à Son Eminence.

Mais ce ne sont pas les lettres qu'elle aime. Aussi, quelque temps après, pressée d'écrire à un autre prince de l'Église, dans les circonstances qu'on va lire, elle sut beaucoup de gré à saint Antoine d'avoir fait quasi la réponse tout seul.

*
* *

Le 8 août, vers les 11 heures du matin, le second courrier de la journée lui apportait 13 lettres parmi lesquelles elle en discerna une de l'excellent P. Marie-Antoine.

— « Bon, dit-elle, réservons celle-là pour la fin, car c'est sûrement quelque demande de secours. »

Elle ne s'était pas trompée, mais pourtant ne put réprimer un mouvement de surprise en constatant que, cette fois, l'excellent P. Marie-Antoine prétendait tirer un chèque sérieux sur le petit tronc.

Voici cette lettre dans laquelle ceux qui connaissent l'infatigable religieux le retrouveront tout entier :

Vive Jésus ! Marie ! Joseph !

En cours de prédication au couvent de Notre-Dame, à Lautrec (Tarn) le 7 août (jusqu'au 15 août 94).

Que le Seigneur, chère sœur en Jésus, vous donne sa paix, sa grâce, son saint amour et qu'il répande toujours sur vous et toutes les âmes si chères qui vous entourent ses plus abondantes bénédictions.

Voici, chère sœur en Jésus, une lettre que je reçois du Patriarche de Constantinople (1) aux œuvres saintes duquel je me suis toujours si vivement intéressé. Il me parle de l'épouvantable catastrophe qui vient de désoler ses pauvres chrétiens.

Il n'a pas de pain pour les nourrir.

Que notre bien-aimé saint Antoine les nourrisse avec le pain de ses pauvres. La charité pourrait-elle avoir des limites et se laisser arrêter par des frontières ?

Ayez donc la bonté, chère sœur, de lui répondre de suite, en mon nom, en lui envoyant *mille francs* pour *le pain de ses pauvres*.

Mettez la lettre que je vous écris dans la vôtre pour bien montrer combien je me suis intéressé à son malheur, et combien je me recommande à ses saintes prières et lui demande sa paternelle bénédiction.

Toujours en union de cœur et de prières dans le cœur bien-aimé de Jésus.

F. MARIE-ANTOINE.

En me renvoyant la lettre du patriarche, donnez-moi des nouvelles de l'œuvre de Saint-Antoine et de l'œuvre des missions et de leur Intendante et de tous les amis.

Voici deux articles pour la *Croix du Var*. Salut au cher rédacteur.

(1) Monseigneur Etienne-Pierre Azarian, patriarche des Arméniens catholiques.

Un peu interdite, d'abord, par la belle assurance du religieux capucin, mademoiselle Bouffier se remit d'autant plus vite qu'elle était bien sûre de ne pouvoir envoyer les mille francs qu'on lui réclamait d'urgence. Où donc les aurait-elle pris?

— «Bon, dit-elle, nous enverrons 500 francs au P. Marie-Antoine. Il faudra bien qu'il s'en contente.»

Justement la veille deux étrangers, après avoir hésité quelques minutes devant la boutique, s'étaient enfin décidés à entrer. L'un d'eux avait déposé 100 francs dans la bourse, et l'autre avait dû renoncer à faire passer par l'étroite ouverture de la boîte cinq billets de banque de 100 francs pliés ensemble.

— Voilà, pensa-t-elle, qui fera l'affaire du P. Marie-Antoine.

Or, sur les deux heures de l'après-midi, le facteur, entre autre lettres, lui en remettait une recommandée venant de Paris.

Elle s'empressa de la décacheter : elle était anonyme et contenait un billet *de 1,000 francs.*

L'intervention de la Providence était visible.

Donnons cette lettre vraiment touchante dans sa simplicité:

Salon de Lecture des magasins du Bon Marché, Paris.

Pour le Pain des pauvres de saint Antoine, en reconnaissance d'une prière exaucée

E. R.

Le surlendemain, pour se conformer aux intentions de saint Antoine si clairement manifestées, le billet de 1,000 francs partait pour Constantinople.

Et voici en quels termes S. B. Mgr Azarian en accusait réception, quelque temps après, à mademoiselle Bouffier :

Patriarcat Arménien-Catholique

Constantinople, 23 août 1894.

Mademoiselle,

Je suis en possession de votre estimée lettre du 10 de ce mois portant un billet de banque de 1,000 fr. pour soulager la misère des victimes du dernier tremblement de terre. Je m'empresse de vous en exprimer mes plus vifs remerciments au nom des orphelines et des orphelins pour cette subvention généreuse. J'avais reçu du Très Révérend Père Marie-Antoine les différentes brochures qui traitent de l'association de Saint-Antoine-de Padoue et de l'OEuvre du Pain des Pauvres, et j'en avais relevé toute l'importance de l'OEuvre et les grâces que le Bon Dieu se plaisait d'accorder par l'intercession de saint Antoine de Padoue. Aussi je me fais un devoir d'appeler toutes les bénédictions du Ciel sur cette bonne OEuvre, et sur toutes les personnes qui cherchent à la promouvoir. Que le Bon Dieu bénisse surtout le saint et pieux religieux le Très Révérend Père Marie-Antoine et vous, mademoiselle, digne intendante de cette OEuvre éminemment charitable ! Nos orphelins et nos orphelines prieront pour vous et pour vos collègues et pour la prospérité de votre sainte association. Quant à l'envoi de fr. 1,000, je vois en effet que la main de Dieu y est intervenue, et en cette occasion une fois de plus on a constaté que le Bon Dieu veut faire prospérer l'Œuvre placée sous le nom de son saint serviteur saint Antoine de Padoue.

En réitérant mes vœux et mes remerciements, je me dis,

Mademoiselle,

Votre dévoué en N. S.

† Pierre-Etienne X. AZARIAN.

Patriarche des Arméniens Catholiques.

P. S. — Je puis ajouter, mademoiselle, pour votre édification, que ma nation nourrit une dévotion toute spéciale à saint Antoine de Padoue, et elle reçoit souvent des grâces des plus précieuses par sa puissante intercession.

VII

CE QU'ON DEMANDE A SAINT ANTOINE

I

Il serait plus exact de dire : que ne lui demande-t-on pas ?

Nous avons pu lire un grand nombre de lettres adressées à l'arrière-boutique, celles du moins qui pouvaient nous être communiquées sans inconvénient.

Car, pour rassurer tout de suite les personnes qui, sollicitant des prières, n'hésitent pas à confier leur peine à « l'heureuse protégée de saint Antoine », nous avons le devoir de dire que, dans aucun cas, ils n'ont à redouter la moindre indiscrétion de sa part. Elle seule décachète son courrier, et rien ne sort de ses mains de ce qui lui est adressé confidentiellement. Ceci soit dit une fois pour toutes.

Le nombre des lettres à la divulgation desquelles la gloire du saint est intéressée n'en reste pas moins considérable. On ne prend fort souvent la peine de préciser le genre de la grâce obtenue que pour qu'il en soit fait mention dans « les annales ».

On suppose que l'arrière-boutique a son bulletin officiel où sont enregistrées toutes les faveurs. On se trompe. *Le Pain des Pauvres* a déjà de nombreux organes. Il en existe un à Toulouse, le premier en date. Il est rédigé par les RR. PP. Capucins (1). Il y en a un à Padoue en plusieurs langues. Les RR. PP. Augustins de l'Assomption en font paraître un à Bordeaux. Il s'en est créé un à Paris. En Belgique, à Ath, il en paraît un autre sous le titre *La Charité*. Il y en aura bientôt partout. Mais la lingère qui, en cassant sa serrure, a mis en branle toutes ces plumes de publicistes, n'a pas de bulletin pour raconter les merveilles qui s'opèrent chez elle ; mieux encore, elle n'en éprouve pas le besoin.

On lui dit : — Si vous faisiez des annales sous ce titre : *Echos de l'arrière-boutique*, vous verriez quel succès !

— « Je crois bien, tous nos amis s'abonneraient ; mais laissons ! C'est le bon Dieu qui fait notre œuvre, c'est saint Antoine qui se charge de la publicité. Recourir à ces moyens humains ce serait manquer de confiance en Dieu. »

Elle n'a pu, du moins, se refuser à nous communiquer un certain nombre de ces lettres tou-

(1) Il a pour titre : *L'Écho de saint François et de saint Antoine de Padoue.*

chantes qui permettront aux lecteurs de se faire une idée des courriers de saint Antoine.

On lui demande tout, et il est bien peu de choses qu'il n'accorde.

Aussi la joie de ses obligés se traduit-elle par des chants d'allégresse comme celui-ci qui vient de Paris :

Confiance illimitée à mon bon saint Antoine de Padoue qui ne sait rien refuser.

Je l'aime du plus profond de mon cœur, ce grand saint, et je lui serai éternellement reconnaissant de toutes les grâces qu'il m'a déjà accordées.

On pourrait prendre chaque vers du répons miraculeux de saint Bonaventure : *Si quæris miracula*, et, pour grouper les faits, sous ces rubriques, on n'aurait que l'embarras du choix.

Une chose par exemple qu'on lui demande souvent, c'est la santé.

Que la science invente chaque jour de nouveaux moyens de soulager l'humanité et de guérir les maux qui l'affligent, ce n'est pas nous qui songerons à nous en plaindre. Mais si fier que l'on soit des découvertes qui honorent l'esprit humain, on conserve, hélas ! le droit de penser que la médecine n'obtiendra jamais sur la maladie que des triomphes éphémères.

De nouveaux fléaux, c'est l'éternelle histoire, succéderont à ceux qu'on aura trouvé le moyen de conjurer ; on leur opposera de nouveaux remèdes et, finalement, quelles que soient les conquêtes de la science, on peut compter qu'elle ne trouvera pas l'inoculation qui nous vaccinera contre la mort, cette inévitable revanche de Dieu.

Les siècles de foi qui, pour l'art de guérir, furent des siècles d'ignorance, n'étaient pas aussi dénués que peuvent le croire nos esprits-forts de moyens curatifs tout-puissants, même pour ces maux terribles qui jusqu'ici déconcertaient la science moderne.

Avant que l'illustre M. Pasteur n'en eût trouvé le vaccin, saint Hubert guérissait de la rage ; et pour sauver les petits enfants des étreintes mortelles du croup, saint Blaise, invoqué par nos pères, n'avait pas attendu le serum du docteur Roux.

Mais demander la santé aux saints, c'était bon pour des siècles de superstition. A notre époque, il n'est plus permis qu'aux médecins de faire des miracles.

On va du moins constater qu'ils n'en ont pas le monopole et que saint Antoine, sur ce terrain, ne se montre pas moins secourable que sur tous les autres à ceux qui l'invoquent avec foi, et intéressent les pauvres au succès de leur demande.

« Que la mort, dit le répons, soit mise en fuite, que les malades recouvrent la santé. »

Le 29 août 1894, on écrivait du Calvados :

Mademoiselle, saint Antoine nous a exaucés ! La guérison que nous demandions a été accordée, sans qu'il ait été besoin de faire l'opération que nous redoutions:

en reconnaissance et pour accomplir une promesse, nous vous envoyons 30 fr. pour avoir 200 livres de pain pour les pauvres de saint Antoine. Nous vous enverrons la même somme d'ici peu de temps.

De Marcq-en-Baroul, près de Lille (Nord), le 18 mai.

Dernièrement on me parla longuement des prodiges opérés par saint Antoine et je ne pouvais assez admirer la bonté de ce puissant thaumaturge. Le 10 courant, j'appris que ma petite nièce était atteinte d'une méningite et condamnée par les médecins. Immédiatement nous commençâmes une neuvaine à saint Antoine avec promesse d'insérer la guérison dans les Annales et de vous envoyer dix francs pour les pauvres de ce bon saint. Aujourd'hui on m'annonce que ma nièce est hors de danger. Gloire et reconnaissance donc au bon saint Antoine qu'on n'invoque jamais en vain.

Du Mans (Sarthe), le 29 mai. C'est un officier qui écrit à M. le *Directeur de l'Œuvre de saint Antoine de Padoue, à Toulon (1)*.

Au mois d'août dernier, alors que ma chère épouse était dangereusement malade et condamnée par trois docteurs, je trouvai dans ma boîte aux lettres le petit opuscule des *Gloires de saint Antoine de Padoue* qu'une personne pieuse et charitable avait fait déposer à mon insu.

Dans ma profonde douleur, j'invoquai aussitôt le secours de saint Antoine en lui promettant 50 francs de pain pour ses pauvres, si ma chère femme se guérissait.

Je fus assez heureux pour être entendu; aussi tiens-je à m'acquitter envers saint Antoine.

De Nîmes (Gard), 18 mai 1894 :

Ayant été mourante à la suite de mes couches, ma belle-mère promit au bon saint Antoine de Padoue que, s'il m'accordait la grâce de guérir, je vous enverrais 10 francs. Aujourd'hui je suis presque complètement guérie. Bébé aura trois mois demain et avant qu'il les commence je tiens à m'acquitter de la dette que j'ai contractée.

Constantinople, 14 août 1894.

Chère mademoiselle,

.... Aujourd'hui encore je viens remercier saint Antoine par votre entremise. Je vous envoie 20 francs de la part de ma mère qui avait promis cette somme pour le pain de pauvres, si saint Antoine lui accordait l'heureux dénouement d'une affaire difficile et attendue avec impatience. Le reste, c'est-à-dire une livre turque, est envoyé par une dame qui se désespérait de l'état de sa petite fille déclarée incurable par les médecins. Comme elle se disposait à la faire voir à un nouveau médecin, on lui raconta les miracles de saint Antoine; elle eut confiance et promit d'envoyer une livre, s'il déclarait l'état de l'enfant moins grave : c'est ce qui eut lieu. Pour moi je rends doublement grâce à Dieu et à notre grand Saint de cette faveur, car la dame dont je vous parle est *hérétique*, et c'est indirectement, par mon entremise, qu'elle a été amenée à prier saint Antoine ! Qu'il est grand, qu'il est bon, ce Saint qui distribue ses grâces à tous dans un pays comme le nôtre où tant de religions différentes se touchent et se heurtent ! Puisse-t-il devenir universel !...

J'ose me dire votre amie en saint Antoine.

JEANNE L.

Monsieur le curé de Mont-Bernenchon, par Saint-Venant (Pas-de-Calais), écrit le 31 août :

Mademoiselle,

J'ai l'honneur de vous adresser la somme de 98 fr. 50 pour que vous puissiez acheter du *beau pain blanc* pour vos vieillards et orphelins. C'est l'ex-voto d'une paroissienne pour une guérison obtenue par sa confiance à saint Antoine de Padoue. Ajoutons aussi que le petit opuscule du Très Révérend P. Marie-Antoine n'y a pas peu contribué.

Salles-sur-l'Hers (Aude), 12 septembre 1894.

Mademoiselle,

Je suis heureuse de vous adresser ci-joint la somme e 20 francs de la part de madame M..., supérieure de otre Tiers-Ordre, conformément à sa promesse à saint Antoine de Padoue si elle conservait la vue qu'elle craignait de perdre. Ayant ressenti de l'amélioration elle 'empresse de devancer la guérison entière et se trouve-ait déjà satisfaite de conserver sa vue telle qu'elle est ctuellement. Action de grâce au bon saint Antoine.

VEUVE DE L...,
Zélatrice de *La Croix*.

Tarare, 31 octobre 1894.

Mademoiselle,

Je vous adresse ci-inclus deux billets de 100 francs pour e pain des pauvres. Le bon saint Antoine m'ayant obtenu ne guérison, je lui paie ma dette.

Paris, le 17 novembre.

Mademoiselle,

Je vous remercie des bonnes prières que vous avez adressées à saint Antoine pour la guérison des yeux de ma fillette. Nous avons été exaucés et ce bon saint nous a secourus d'une manière tout à fait providentielle.

Je lui ai promis une livre de pain par semaine jusqu'à la majorité de l'enfant, voulant ainsi le remercier pendant plusieurs années.

Celle-ci, datée du 9 novembre, vient des Côtes-du-Nord :

Mademoiselle,

Dans le courant du mois d'août j'avais promis de vous envoyer 25 francs pour vos pauvres vieillards, si nous obtenions par l'entremise de saint Antoine la guérison d'une hystérie. Aussitôt promesse faite, mieux tellement accentué qu'il nous fut permis de retirer notre chère enfant de la maison de santé où elle avait été placée depuis *cinq mois* : elle en sortit dans la huitaine qui vit cette promesse.

Comme cette terrible maladie a toujours une rechute ou laisse ordinairement quelques traces, je ne comptais vous envoyer cette petite somme que pour les étrennes de saint Antoine, au mois de janvier. Mais voyant que la santé de cette chère enfant se fortifie de jour en jour, et qu'il lui est possible de mener la vie commune sans qu'il lui reste aucune fatigue, je croirais, par trop de prudence humaine, manquer de confiance en saint Antoine, en attendant plus longtemps. J'espère que ce grand saint achèvera son œuvre et qu'il nous obtiendra, avec une santé parfaite, que la chère enfant puisse suivre sa vocation.

J'ai promis de faire mettre cette faveur dans les annales franciscaines; je vous serai bien reconnaissante de la faire connaître au P. Marie-Antoine. — J. D.

Une mère, d'une ville du département des Bouches-du-Rhône, écrit à la date du 9 décembre 1894 :

Je tiens à faire savoir la guérison tout à fait miraculeuse de mon petit garçon. Ce pauvre enfant, âgé de 10 mois, était perdu au mois d'août dernier par suite de différents changements de nourrices, inflammation d'entrailles, crise de dents, etc. Enfin le voyant perdu, pendant que le docteur tentait une incision, je promets à saint Antoine de faire mettre sa statue et installer l'œuvre du Pain dans le village, s'il sauve notre enfant. Quand je revins dans la chambre l'enfant commençait à crier et à prendre le sein, ce qu'il ne faisait plus depuis la veille; et maintenant il se porte très bien...

Terminons cette énumération, que nous pourrions prolonger pendant de longues pages, par deux lettres écrites, *à neuf jours d'intervalle*, du fond de la Pologne russe.

Voici la première :

Wojézyzna, 5 novembre 1894.

Le soussigné offre à l'oratoire de saint Antoine, pour le pain de ses pauvres, la somme de 300 fr. (trois cents) en cas de guérison de sa fille Marie, atteinte d'une méningite accompagnée de cécité.

DYMITRI KORZBUT DASZKIENVIEZ.
Wojézyzna, par Krynki,
Gouvernement de Grodno.
(Pologne russe.)

Voici la seconde :

Ce 14 novembre 1894.

Conformément à ma promesse du 5 de ce mois, j'envoie ci-joint 112 roubles (net 300 francs) pour le pain des pauvres de saint Antoine, comme témoignage de ma reconnaissance pour la guérison tout à fait miraculeuse de ma fille Marie, atteinte d'une méningite, et demande des prières pour la santé de mes quatre enfants dont la cadette, âgée de trois ans, est en ce moment malade d'une fièvre scarlatine.

DYMITRI KORZBUT DASZKIENVIEZ.

Tout commentaire affaiblirait l'éloquence de pareils documents.

« Vous cherchez des miracles ?... La mort prend la fuite..... Les malades recouvrent la santé.... »

VIII

CE QU'ON DEMANDE A SAINT ANTOINE

II

On ne lui demande pas que la santé.

La lettre suivante, de Paris, n'est-elle pas tout à 'ait encourageante pour ceux qui hésitent à nettre le saint à l'épreuve :

> Remerciements à saint Antoine !
>
> Je croyais absolument *impossible* une chose que je ésirais beaucoup dans l'intérêt de mes petits enfants. 'avais promis 50 francs de pain, si j'étais exaucée avant e 1er janvier prochain. Je priais, mais sans grande espérance d'obtenir ce que (encore une fois) je croyais mpossible ! *Trois jours après* ma promesse, la chose 'est faite *contre toute espérance !* Merci à saint Antoine !

Nous renonçons à classer, dans un ordre métho-

6

dique, les lettres que nous allons reproduire ; il faudrait faire trop de catégories.

Qu'on nous permette toutefois de mentionner à part la grâce qui a été plus particulièrement sollicitée, pendant les mois d'août et de septembre, avec un plein succès, d'ailleurs, par de nombreux supérieurs et supérieures de maisons d'éducation.

Aux approches de la rentrée des classes, ils avaient promis une quantité de pain déterminée pour chaque nouvel élève qui se ferait inscrire. L'idée était excellente. Le saint l'a favorablement accueillie. Aussi les offrandes en action de grâce affluaient-elles dans l'arrière-boutique.

Parmi beaucoup d'autres, citons un exemple de ce genre de faveurs.

Le 9 octobre 1894, la supérieure d'une communauté de L... (Gers) écrivait :

Il nous a exaucées au delà de nos espérances. Demandez à ce bon saint que nous fassions de vaillantes chrétiennes des nombreuses élèves qu'il nous a envoyées. C'est chose extraordinaire que la manière dont certaines élèves nous ont été présentées. Un père de famille nous disait : « Je ne sais vraiment comment je me suis décidé à vous amener ma fille, car j'habite loin de L..., et je ne connaissais pas votre établissement.

Il est de fait que nous ne nous attendions pas à recevoir *quatorze* nouvelles pensionnaires, sans parler des externes. D'anciennes élèves pourvues de leur brevet ont sollicité la faveur de passer encore une année au milieu de nous. De telle sorte que notre rentrée est des plus brillantes.

Aussi allons-nous placer une statue de saint Antoine dans notre parloir.

Et la réussite des examens ! Le patronage de saint Antoine est d'une si grande efficacité qu'il n'est pas rare de rencontrer dans l'oratoire les élèves du lycée eux-mêmes qui n'hésitent point à y recourir.

Le 9 décembre, un professeur d'un établissement religieux de Cannes, en envoyant 25 francs, écrivait :

Nos heureux bacheliers de novembre ne sont rentrés que cette semaine. Je me suis empressé de leur rappeler la promesse qu'ils avaient faite et je vous envoie le produit de la collecte.

Mais, donnons la parole aux clients de saint Antoine. On va pouvoir juger de la variété des affaires qu'on lui confie.

Une mère désolée lui écrit :

Marseille, le 6 septembre 1894.

Chère mademoiselle,

Lundi 4 septembre, je vous ai écrit pour me recommander aux prières du bon saint Antoine. J'étais sans nouvelles de mon fils depuis *neuf mois*. *Cinq heures après* je recevais une dépêche.

Je vous envoie cinq francs pour le pain des pauvres et je vous prie de le remercier pour moi.

La lettre suivante vient de Suisse. C'est un magistrat qui écrit :

Madame,

Menacé d'un odieux procès, j'avais promis à saint Antoine que, s'il me tirait de cette méchante affaire, je lui enverrais cent francs pour le pain de ses pauvres. Je n'ai rien perdu pour attendre ; le bon saint Antoine de l'arrière-boutique de Toulon m'a merveilleusement exaucé, et c'est avec un vrai bonheur que j'accomplis aujourd'hui ma promesse. Je vous envoie donc cent francs par mandat postal pour le pain de vos pauvres.

X***,
Juge d'appel.

Châtillon-sur-Indre, 17 août 1894.

Mademoiselle,

Le bon saint Antoine m'a fait retrouver le titre de rente que j'avais égaré, et je vous envoie la petite offrande que je lui ai promise.

Nous nous efforcerons dans notre petit rayon de répandre la dévotion et la confiance en ce bon saint qui daigne prendre si bien en main nos misérables intérêts matériels.

A. M.

G..., 29 août.

Mademoiselle,

Je vous envoie ci-joint, pour l'œuvre du Pain des pauvres, la somme de 50 francs que j'avais promise à saint Antoine, s'il m'obtenait, dans les premiers jours du mois de septembre, une faveur que j'ai reçue aujourd'hui même.

Agréez, je vous prie, l'assurance de mes sentiments très respectueux.

Un officier qui a besoin de prières.

J'ai encore 40 mois de navigation à faire avant de me présenter aux examens pour me faire recevoir capitaine au long cours.

Ayant appris les grâces que l'on obtenait par l'intercession de ce grand saint, voici ce que je promets : 20 francs de pain blanc aux pauvres si je fais ces quarante mois en qualité de lieutenant ou de second. Ces 20 francs seront renouvelés après chaque voyage.

En plus de cela, je promets 100 francs de pain blanc aux pauvres si, au bout des 40 mois de navigation et 10 mois de cours, je suis reçu capitaine au long cours; et j'irai faire un pèlerinage dans votre oratoire ou sur le tombeau de saint Antoine de Padoue.

Je me recommande à vos prières.

M...

La lettre suivante est adressée du département de l'Aude :

6 mai 1894.

Mademoiselle,

Je vous adresse, ci-inclus, un mandat-poste de 5 fr., pour le pain blanc des pauvres de saint Antoine.

Je l'avais offert pour qu'il m'accordât la grâce de mettre d'accord mon frère et sa femme qui étaient séparés depuis quelque temps. Le bon saint Antoine m'a accordé la grâce de les voir se réconcilier. Depuis hier ils le sont.

Grâces soient rendues à notre bon saint.

A. M

G.

M... (Côte-d'Or), 30 avril 1894.

Mademoiselle,

Pour la seconde fois, je viens remercier votre grand et bon saint Antoine. Que son nom soit béni ! Je pleure de joie et de reconnaissance en vous écrivant. Notre saint a touché un pauvre cœur, qui, pour la première fois de sa vie, a pardonné. Nous désespérions de le vaincre, et de son opiniâtreté pouvaient venir de grands maux. Comme par enchantement, en une heure, il a changé. Reconnaissance, amour et gloire à votre bon saint Antoine.

Ci-joint l'offrande promise pour le pain des pauvres, 10 francs.

Votre bien dévouée,

H...

C'est un curé de l'Ouest qui écrit ce qui suit, à la date du 9 juillet 1894 :

Mademoiselle,

Dans une lettre que je vous ai adressée ces jours derniers, je vous avais priée de déposer un billet dans le tronc de saint Antoine. Ce billet contenait une promesse de 20 francs si par l'intercession de saint Antoine j'obtenais un poste selon mes désirs.

De plus, ayant appris, depuis ce temps-là, que la paroisse de N*** était vacante, j'ajoutai sur le double du billet, que j'avais gardé chez moi, que je promettais un supplément de 10 francs, si j'étais nommé curé de N***, quoique je susse très bien que cette paroisse était destinée à un autre prêtre. Cependant je ne fis aucune démarche pour l'obtenir, et ceci par charité fraternelle, voulant en laisser toute la responsabilité à saint Antoine.

Eh bien, j'ai été exaucé et je m'acquitte de ma dette.

Tourcoing, 4 août.

Je n'ai pu jusqu'ici envoyer que des sommes minimes à notre grand saint Antoine. Aujourd'hui je vous adresse un mandat de 90 francs pour promesse de pain sur une somme qui devait me rentrer depuis longtemps d'un procès dont j'avais promis 5 0/0. Et il paraît que ce n'est pas encore la somme entière. Veuillez demander à saint Antoine qu'il m'exauce pour tout le reste.

Bien que le pain de saint Antoine existe ici, je lui ai promis que j'enverrais toujours dans votre petit sanctuaire toutes mes promesses de pain. Mais je compte aussi que vous m'aiderez un peu par vos prières. Saint Antoine ne doit rien vous refuser.

Rochefort, 24 septembre.

Venant d'obtenir par l'intercession de saint Antoine la grâce d'un embarquement d'escadre pour un marin de ma famille, je m'empresse d'accomplir la promesse que j'avais faite et je vous envoie 10 francs.

Une Sœur de Charité écrit d'une localité du département de la Meuse :

Vous savez que je vous recommandais instamment, il y a quelques mois, une famille très éprouvée par des revers de fortune. Eh bien ! Dieu soit loué ! Le jeune homme vient d'obtenir une situation tout à fait inespérée et tellement extraordinaire qu'elle tient du miracle, et ce miracle, bonne demoiselle, nous ne doutons pas qu'il nous vienne de nos célestes protecteurs, puisque les hommes n'y ont aucune part.

L.-R... (Haute-Saône), octobre.

Je viens de faire un héritage et je veux que le bon saint Antoine en ait sa part ; je vous envoie donc *douze cents francs* dans cette lettre, dont 300 francs pour 100 messes et 900 francs pour vos œuvres.

D'une sœur de charité de V... (Isère) :

Je ne veux pas retarder plus longtemps d'acquitter une dette de gratitude. Voici 25 francs pour le pain des pauvres. J'aurais pu le promettre *ici* où nous manquons ABSOLUMENT de ressources, pour les familles pauvres que nous assistons, mais j'ai pensé que puisque saint Antoine se plaisait à répandre ses faveurs chez vous il fallait le prier là.

De Paris, le 30 novembre :

Je vous envoie pour l'œuvre de saint Antoine, à cause d'une petite somme qu'il m'a fait recouvrer, les trois cent soixante francs ci-inclus, en lui demandant, en retour, d'arranger aujourd'hui à deux heures une affaire pour laquelle je vous supplie de prier.

Montpellier, 12 mars.

J'avais supplié saint Antoine de réveiller la conscience de ceux qui me devaient afin que je pusse faire face à mes obligations. Je promettais le cinq pour cent. J'ai reçu ce matin trois cents francs. Je me hâte de vous envoyer quinze francs pour le pain des pauvres.

D'une petite ville de la Mayenne, le 14 juillet :

J'avais des sommes importantes à rembourser le 21, et n'ayant pas le sou je ne savais comment faire, lorsque m'adressant en toute confiance à saint Antoine, j'ai obtenu de mes créanciers une prorogation de délai de quatre années avec une réduction du taux des intérêts que je n'osais espérer.

J'ai promis vingt francs, je vous les envoie.

Une jeune receveuse des postes souhaitait ardemment son changement, avec avancement, bien entendu. Elle avait fait sa promesse, mais beaucoup d'obstacles s'opposaient à la réalisation de son désir.

Toutefois, comme il n'en est point, on l'a bien vu, dont saint Antoine ne triomphe, voici la lettre qu'elle écrivait le 15 octobre :

Chère mademoiselle,

En dépit de la canaille, de la radicaille, du diable enfin (c'est une même chose tout cela), je suis nommée avec l'avancement que je demandais au ciel et à la terre.

Voici mon mandat créé d'avance avec cette menace : « Bon saint, je vous ai toujours aimé. Si vous m'accordez ma demande, voici de la miche pour vos pauvres. Accordez ou vous n'aurez rien. »

Je vous ai envoyé ma promesse le 6 ; aujourd'hui 15 (neuf jours après), je suis nommée. Voici les 2 fr. que je vous devrai tous les mois d'ici un an.

Dites, avec moi, merci au bon saint Antoine !

Du Cannet, près de Cannes :

5 novembre 1894.

Mademoiselle,

Je vous envoie la somme de dix francs que j'avais promise au grand saint Antoine pour ses pauvres, s'il daignait m'accorder la grâce que je lui avais demandée, — le paiement de 300 francs que j'avais prêtés *depuis plus de trente années*, et que j'avais tout lieu de croire perdus. Cette somme vient de m'être payée, et je m'empresse d'accomplir ma promesse.....

Ah ! si les hommes ouvraient les yeux en présence de tant de prodiges : la Salette, Lourdes, Campocavallo, saint Antoine ! Mais.........

Mais, les prodiges, d'ordinaire, ne consolent et n'encouragent que les croyants. Les mécréants ne les voient pas. Il leur manque un sens. N'est-il pas parlé dans l'Évangile de ces Galiléens, chez lesquels Notre-Seigneur Jésus-Christ ne faisait pas de miracles, à cause de leur incrédulité?

Terminons par une lettre d'un genre un peu moins sévère que la plupart de celles que nous venons de reproduire.

D'un petit village de la Côte-d'Or, trois jeunes filles, trois cousines en vacances, écrivaient à la fin du mois d'août à l'intendante de saint Antoine. Que demandaient-elles? Quelque chose de très important pour elles, et elles paraissaient y attacher un grand prix. Elles demandaient que saint Antoine leur obtînt de rester ensemble quelque temps encore. Elles lui promettaient, d'ailleurs, du pain pour ses pauvres.

Le bon saint voulut bien condescendre à leur souhait, et voici la lettre par laquelle, quelque jours après, les trois cousines s'acquittaient de leur promesse :

L... (Côte d'Or).

Les trois cousines qui ont écrit à saint Antoine pour lui demander la grâce de rester réunies pendant encore huit jours ont été exaucées contre toutes espérances. Elles remercient le bon saint Antoine et lui envoient pour ses pauvres l'argent qu'elles lui avaient promis.

Yvonne-L. de G.
Jeanne de C.
Marie-Thérèse de C.

N'est-ce pas charmant?

IX

CE QU'ON DEMANDE A SAINT ANTOINE

III

Mais des âmes heureusement détachées des choses de ce monde, ou des esprits difficiles qui veulent raffiner sur tout, déplorent qu'on s'en remette à saint Antoine pour tant d'intérêts matériels. Il semble, à leur point de vue, que cela fasse déchoir la piété de l'intéresser d'une manière si directe à la réalisation de choses purement terrestres.

Un excellent religieux nous faisait part un jour de ses inquiétudes à ce sujet. « On risque, nous disait-il, de perdre de vue que ce sont surtout les biens de l'âme qu'il faut demander à Dieu, et comme on peut supposer que dans le grand nombre des affligés qui recourent à saint Antoine, ceux qu'il exauce ne constituent qu'une infime minorité, n'est-il pas à craindre que, chez beaucoup, l'insuccès ne mette la foi en péril?

Nous pourrions, sans doute, nous borner à répondre que puisque Dieu veut bien exaucer si souvent la prière des dévots du grand thaumaturge, c'est manifestement qu'il a pour agréable cette dévotion. Mais pour calmer des inquiétudes, au demeurant légitimes, encore qu'exagérées, nous devons ajouter qu'il est extrêmement rare, pour ne pas dire tout à fait exceptionnel, que saint Antoine ne soit invoqué que pour des faveurs uniquement temporelles.

Parmi des centaines toutes semblables, la lettre suivante de Beaune (Côte-d'Or), 15 octobre, montre bien de quels sentiments de foi sont animées les âmes qui demandent à Dieu de les secourir dans leurs épreuves.

La lettre était anonyme et contenait cent francs.

Offrande promise à saint Antoine de Padoue pour le pain des pauvres.

Saint Antoine, merci pour le mieux obtenu; je compte sur vous pour ne pas laisser votre œuvre inachevée et suis certaine que cette année ne se passera pas sans que mon cher mari ne s'agenouille avec moi au pied des autels pour accomplir son devoir pascal. Saint Antoine, j'ai confiance que vous ne tromperez pas mon attente.

Mais, pour ne rien dire de ceux qui ne formulent jamais une demande sans la faire suivre de cette restriction toute chrétienne... *si telle est la volonté de Dieu... si cette faveur doit être utile à mon âme*, nous avons le devoir d'affirmer que le nombre des lettres par lesquelles on sollicite des grâces spirituelles est très considérable.

Au point de vue du réveil de la foi dans les âmes, n'est-ce rien, d'ailleurs, de déterminer ceux que les épreuves souvent poignantes de la vie affectent plus que le souci de leur salut, à recourir, dans quelque but que ce soit, à la prière et à l'aumône?

En ce siècle où, mettant systématiquement Dieu en oubli, les hommes paraissent ne songer qu'au lucre et aux jouissances, et endurcissent leur cœur devant l'affligeant spectacle d'infortunes *imméritées*, il est rassurant pour l'avenir de voir les chrétiens riches et pauvres revenir, avec cet élan généreux, à la pratique de l'aumône, « le seul moyen, proclamait Bourdaloue, par où les riches puissent rendre à Dieu ce qu'ils lui doivent ».

Grâce à saint Antoine, la charité se réveille, les cœurs s'ouvrent, l'or afflue, le pain se multiplie miraculeusement. Et avec quelle joie profonde l'aumône est faite!

Il est bien peu d'obligés du saint qui ne puissent s'appliquer la réflexion de cette correspondante d'Avallon (28 octobre) :

Chaque fois que je désirerai quelque chose je m'adresserai à saint Antoine et ce sera le moyen de me faire faire la charité ; car jusqu'à présent je *n'ai jamais autant dépensé pour les pauvres* et vous ne sauriez croire *combien je suis heureuse de vous envoyer cet argent*. Cependant nous ne sommes pas riches....

Quel prix Dieu n'attache-t-il donc pas à la charité, puisqu'il suffit de promettre du pain à ses pauvres pour en obtenir tant de choses !

Si, pour nous enseigner de nouveau l'efficacité souveraine de la prière et de l'aumône, et nous convaincre de l'utilité de l'intervention des saints, même dans les menus incidents de la vie, Dieu ne dédaigne pas de se servir de ces nécessités matérielles auxquelles le grand nombre, hélas ! est plus sensible qu'aux besoins de l'âme, qui donc pourrait se permettre de le trouver dangereux ?

N'est-ce donc pas en guérissant les malades, en rendant la vue aux aveugles, l'ouïe et la parole aux sourds-muets, en donnant à manger à ceux qui avaient faim, que le Christ prouvait sa doctrine et la faisait accepter par les pauvres gens de la Galilée ?

Parmi ceux qui recouraient à lui pour être délivrés de leurs infirmités, combien songeaient à lui demander la foi ? On n'attendait de lui que la santé, et à ceux qui recouraient à sa miséricordieuse bonté, il donnait en même temps la foi, comme par surcroît.

C'est pourquoi nous n'éprouvons aucune inquiétude. Avec les faveurs matérielles qui la caractérisent, c'est un renouveau de foi que la dévotion providentielle du Pain des Pauvres ne peut manquer d'apporter à ceux qui se sentent inspirés d'y recourir.

Rassurons-nous; si saint Antoine ne convertit pas d'emblée tous ceux qu'il oblige, il n'entend pas être dupe.

Il ne prend les hommes tels qu'ils sont que pour les faire, par degrés, devenir comme ils devraient être.

*
* *

Sur ce sujet plus intime, la correspondance est, d'ailleurs, moins explicite; et cela se comprend assez. Il s'agit des choses de l'âme, de ces grâces qu'on craindrait de profaner en les divulguant.

A côté de ménages chrétiens demandant à saint Antoine le bonheur d'obtenir un enfant, il y a les âmes d'élite qui le supplient d'aplanir les obstacles qui s'opposent à leur vocation.

C'est un prêtre qui, se sentant appelé par Dieu à la vie d'abnégation et de pénitence du trappiste, a remis au saint le soin de lui en faciliter les voies, et qui, exaucé contre toute attente, guéri de la maladie qui retardait son départ, fait tout exprès, de fort loin, le voyage de Toulon pour venir remercier saint Antoine dans son arrière-boutique.

C'est une jeune fille qui a recours à lui pour qu'il intervienne, et l'aide à briser les derniers liens qui l'attachent à sa famille, afin qu'elle puisse se réfugier dans le lieu d'asile où elle a déjà son cœur. Et le saint fait fléchir les dernières résistances. Et, quelque temps après, la mère, toute meurtrie encore des déchirements de la suprême séparation, trouvant, dans la chambre de sa fille, la lettre de l'oratoire qui l'assurait des prières des pauvres de saint Antoine, acquitte la dette de celle qui lui a été ravie par Dieu, et demande au saint, pour elle-même, de lui rendre moins douloureux le sacrifice.

C'est une autre jeune fille qui, tourmentée longtemps pour un mariage, et s'y étant jusque-là refusée, cède imprudemment aux insistances des siens, et, depuis ce jour, ne connaît plus la paix. « Tout marche, dit-elle, comme si cette union devait se faire et, plus les jours m'en rapprochent, plus mes inquiétudes et mes angoisses redoublent. » Restera-t-elle sourde à la voix qui semble l'appeler dans le cloître ? Que saint Antoine vienne la tirer de cette situation désespérée, ou lui donne la volonté et le courage d'en sortir elle-même par une démarche héroïque. C'est un miracle qu'elle attend du saint !

On voit de quels drames émouvants l'intendante de saint Antoine reçoit la confidence.

*
* *

Dans un ordre moins élevé, mais aussi tragique, que de suppliques bien faites pour toucher le cœur du saint.

De tristes victimes d'unions illégitimes demandent avec instance leur conversion et celle de leur complice.

Que je devienne au plus tôt, dit l'une d'elles, sa femme légitime, que la maladie qui vient de s'abattre sur lui se détourne et le ramène à la pratique de ses devoirs; qu'il tienne ses engagements envers moi et que, revenu à de bons sentiments, il puisse jouir encore d'une longue existence !

Comment n'être pas ému par des lettres qui respirent de tels sentiments de repentir, d'humilité et de confiance?

Grand saint Antoine, je suis une créature bien indigne de votre attention. Bénissez-moi pourtant, grand confesseur. L'année qui va bientôt finir a été funeste à mon âme. J'ai oublié tous mes devoirs. Mais j'ai pris la résolution de me réconcilier avec Dieu. J'ai songé à vous, ô bienheureux saint Antoine ; daignez répondre à l'appel de mes prières. Je vous promets, selon mes moyens, deux kilos de pain pour vos pauvres.

Et cette autre pécheresse, qui demande qu'on fasse brûler deux cierges devant le saint et qui, « à la date anniversaire d'une chute profonde », écrit :

Repentante, humiliée, ayant au cœur et sur les lèvres les paroles du psaume *Misere mei Deus*, je viens à vos pieds, doux et humble saint Antoine. Voyez ma profonde misère ; montrez-la au cœur immaculé de Marie, refuge des pécheurs, et par votre prière, saint Antoine, lys de chasteté, faites-nous recouvrer la paix de nos âmes. Obtenez-nous le sacrement du mariage chrétien... Je vous promets une statue dans l'église de... et pendant neuf mardis et neuf vendredis deux kilos de pain pour vos pauvres du Sacré-Cœur de Montmartre.

Les jeunes gens ne recourent pas avec moins d'empressement à saint Antoine, témoin la lettre d'un anonyme qui, profondément ému par l'opuscule du R. P. Marie-Antoine, envoie sa petite obole.

Je pourrais faire davantage, dit-il, si je ne me laissais pas entraîner à ces passions auxquelles succombent de nos jours tant de jeunes gens de mon âge. C'est pour obtenir la grâce d'en être désormais préservé que je vous envoie mon offrande. Que saint Antoine m'accorde la sobriété et plus encore la chasteté. Ces deux grâces obtenues, je lui en demanderai d'autres et j'aurai soin d'envoyer mon offrande d'avance, afin que de cette façon il ne puisse pas m'oublier.

On ne peut douter que le saint ne se montre secourable à ces âmes de bonne volonté. Nous en avons pour preuve la lettre suivante vraiment extraordinaire dans son laconisme :

Merci à saint Antoine de Padoue pour *ma conversion*. Je lui envoie cinquante francs de pain.

Avril 1891.

Les demandes de conversion pour un époux, pour un fils, pour un frère, pour un ami sont fréquentes dans la correspondance, mais il est plus rare qu'on l'invoque pour sa propre conversion.

Parmi les incroyants, en effet, combien se refuseraient à demander cette grâce, de peur, justement, de l'obtenir !

Mais l'amour maternel, la piété filiale ou l'amitié font ces miracles.

C'est d'une ville du département de l'Aisne que vient la lettre suivante :

Je vous envoie un mandat-poste de dix francs pour le pain des pauvres, en reconnaissance d'une grâce que j'ai demandée et que j'ai obtenue. C'est la conversion de mon père....

Celle-ci est de Paris, 5 décembre :

Notre bon saint ayant obtenu la conversion complète de l'un de mes amis mourant, je m'empresse, selon la promesse que je lui ai faite, il y a six semaines, de vous envoyer un mandat de cinq francs.

Cette autre vient d'une petite ville du Var, 16 décembre 1894.

Ma bonne demoiselle,

L'an dernier je promis au grand saint Antoine pour ses pauvres, s'il m'accordait une grâce avant la fin de l'année. L'illustre thaumaturge m'a exaucé et je vous fis verser soixante francs. Aujourd'hui c'est une faveur de beaucoup plus importante que je sollicite de notre saint auquel j'ai promis deux cents francs, en cas de réussite...

Voulez-vous, ma chère demoiselle, m'aider de vos prières pour le succès de la grand œuvre que j'entreprends ?

Il ne s'agit pas de peu de chose, puisque je demande la *résurrection d'un mort ;* d'une âme morte à la grâce, morte au Bon Dieu et pour laquelle j'ai offert ce que les hommes ont de plus précieux, ma vie. J'ai une confiance inébranlable dans le pouvoir du saint auprès de Dieu, mais je redoute l'indignité du quémandeur; voilà pourquoi je vous demande votre concours.

*
* *

Maintenant, voulez-vous voir le miracle accompli, *le mort ressuscité*, et entendre le cri de la reconnaissance. Lisez cette lettre :

Paris, 19 décembre 1894.

Mademoiselle,

Au mois d'août dernier, je vous priais de faire recommander à saint Antoine de Padoue la conversion d'un pauvre jeune homme, entraîné et enchaîné dans de tristes liens.

Ces liens sont brisés ; le cher coupable s'est volontairement, de son plein gré, séparé de l'occasion du péché ; il est revenu sincèrement à la pratique de ses devoirs religieux, et le jour de l'Immaculée Conception, sa mère ravie l'avait près d'elle à la table sainte oubliée depuis un an.

Cette mère ne veut donc pas tarder davantage à s'acquitter du juste tribut de reconnaissance qu'elle doit à saint Antoine, et de la promesse qu'elle a faite de lui envoyer 500 francs pour le Pain des Pauvres, ou pour telle autre bonne œuvre faite en son nom que vous jugerez à propos de choisir...

. . . .

Nous nous unissons à vous dans la reconnaissance envers saint Antoine, et le désir que cette grâce signalée le fasse plus encore connaître et aimer.

Comprend-on maintenant que l'intendante de saint Antoine ait raison de dire que c'est de la correspondance que lui viennent ses joies les plus profondes?

X

LA FOI DES SIMPLES

Revenons quelques instants dans l'arrière-boutique des miracles. Le spectacle qui s'y déroule mérite d'être contemplé à loisir. Les indifférents que le hasard y conduit ne s'en arrachent eux-mêmes qu'à regret.

Du mieux que nous avons pu, nous avons décrit le cadre. C'est en montrant, par quelques traits, les mobiles qui font accourir tant de visiteurs divers que nous pourrons peut-être donner quelque idée du tableau.

Voici de pauvres femmes de pêcheurs. Ce sont des assidues de l'oratoire : elles s'agenouillent aux pieds du saint, le prient avec effusion et déposent une modeste offrande dans son aumônière.

Nous avons surpris le secret de ce pèlerinage périodique.

Pour intéresser, aux rudes travaux de leurs

maris et de leurs fils, le saint dont les poissons de la mer venaient entendre les discours, ces femmes chrétiennes ont pris l'engagement de donner une certaine quantité de pain par kilogramme de poisson pêché. Aux filets employés ont été attachées, par leurs soins, de petites médailles de saint Antoine, et, fidèles à leurs promesses, elles viennent régulièrement acquitter leur dette, car le saint ne trahit pas leur confiance.

Il a de délicieuses attentions pour les humbles et les petits.

Naguère, une petite fillette toute mignonne, d'un air timide, venait apporter... toute sa fortune.

Sa sœur, gravement malade, était condamnée par les médecins. Elle demandait, avec quelle ferveur! que le bon Dieu voulût bien lui conserver sa sœur chérie. Lorsque subitement, comme inspirée, se mettant à genoux devant une petite statuette de saint Antoine, elle lui adressa du cœur et des lèvres cette touchante prière : « Bon saint Antoine, si vous guérissez ma petite sœur, je vous donnerai les vingt francs que j'ai dans ma tirelire. »

Saint Antoine avait exaucé sa prière; sa sœur était hors de danger, et, fidèle à sa promesse, la fillette accourait, toute rouge de bonheur, vider sa tirelire dans le tronc des pauvres.

*
* *

Le lendemain, un jeune valet de chambre suivi d'un magnifique chien danois entrait dans l'arrière-boutique.

— Ici, toutou, dit-il naïvement à son compagnon; viens remercier saint Antoine avec moi.

Et pendant que la superbe bête s'allongeait nonchalamment sur le sol, la tête entre les pattes, le jeune homme s'agenouillait, priait dévotement et, sa prière achevée, déposait dix francs dans la petite boîte.

— Mademoiselle, dit-il, en se retirant, saint Antoine m'a accordé une grande grâce. J'avais, je ne sais comment, perdu ce chien, auquel mon maître tient beaucoup. Malgré de nombreuses recherches, il m'avait été impossible de le retrouver. J'étais très malheureux, je vous assure, et je n'osais rentrer à la maison. Alors, j'ai promis dix francs à saint Antoine s'il me faisait découvrir Hector, et votre bon saint m'a tiré d'une grande peine, en me l'envoyant au moment où je désespérais de le revoir.

*
* *

Un jeune matelot, très gravement malade à l'hôpital de la marine de Toulon, avait entendu parler de saint Antoine. A l'insu de la sœur qui le soignait et de l'aumônier, voici la lettre qu'il écrivait le 5 août dernier à l'arrière-boutique :

Madame,

Vous serez étonnée de recevoir ma lettre; mais qu'importe! quand on est doué d'un tel zèle on s'attend à tout, et rien n'étonne.

Etant à l'hôpital depuis mardi soir 31 juillet, pour activer la guérison de ma maladie, il me semble qu'une neuvaine à saint Antoine de Padoue ne peut mieux aller.

Aussi, espérant fermement dans la puissance du grand saint que j'invoque, je vous offre de bon cœur mon obole qui n'est pas grande, mais qui constitue ma richesse entière.

Aussitôt ma guérison, je promets d'en porter encore autant.

Veuillez agréer, madame, mes sincères salutations.

L. F.
Hôpital principal,
Salle n° 2, lit n° 5.

Joignez-vous à mes prières.

La richesse entière du pauvre matelot s'élevait à la somme de 1 fr. 90, qu'un camarade, auquel il avait confié sa lettre, remit enveloppée d'un morceau de papier.

On devine l'attendrissement de l'intendante à la lecture de cette lettre. Elle se hâta de répondre, assurant son correspondant de ses prières et de celles de tous les pauvres, et se réjouissant de le voir bientôt entièrement guéri.

Sa réponse, posée sur la table de nuit du pauvre matelot, intrigua, paraît-il, la bonne sœur qui le soignait. Ne lui connaissant pas de parents à Toulon, elle était un peu curieuse de savoir d'où lui pouvait venir cette lettre dont l'écriture trahissait une main féminine. Quelques questions discrètement posées amenèrent le malade à confesser ingénument ses relations... avec saint Antoine. Si les bonnes sœurs et l'aumônier qui s'intéressaient vivement à lui en furent édifiés, il est inutile de le dire.

La maladie dont il souffrait était très grave; on eut même, un moment, de sérieuses inquiétudes à son sujet, mais son généreux sacrifice et les prières demandées lui valurent une guérison inespérée, et deux ou trois semaines après, au moment de partir pour un congé de convalescence, le matelot venait acquitter sa promesse dans l'oratoire.

* * *

Ce ne sont pas d'ailleurs les offrandes les plus considérables qui touchent le mieux le cœur de notre saint.

Nous voyons des suppliants qui ont souscrit des promesses de dix mille, vingt mille et même de cinquante mille francs, attendre encore la réalisation de leurs désirs.

Il est juste, sans doute, que le sacrifice soit proportionné à la fortune de celui qui recourt à saint Antoine. N'est-ce pas Bourdaloue qui reprochait aux riches de son temps « de tout mesurer, hors l'aumône, sur le pied de leurs revenus et leurs biens, quoiqu'il n'y ait rien, disait-il, où la proportion fut plus nécessaire que dans l'aumône. » C'est en s'inspirant de cette règle qu'on mérite les faveurs de saint Antoine. Mais c'est souvent avec des sacrifices qu'on pourrait taxer d'infimes que les petits et les humbles obtiennent de lui des merveilles. La foi supplée alors à ce qui manque du côté de l'offrande. Le trait suivant en fournit une preuve sensible.

*
* *

Un jeune employé de chemin de fer, attaché comme stagiaire à une grande gare du Midi, postulait depuis quelque temps un emploi de 3e classe aux appointements de 1,200 francs. Après diverses alternatives, sa nomination arriva, mais dans quelles conditions ! Il était nommé dans l'Est. Il lui fallait partir pour une ville fort éloignée et laisser sa mère, veuve, dont il était le principal soutien. Au lieu d'être une joie, sa nomination était une grosse épreuve. A aucun prix sa mère ne voulait se résigner à cette séparation.

Désolé, notre pauvre garçon vint confier sa peine à un de nos amis qui occupe un emploi dans la même administration. C'est de lui que nous tenons ce récit.

— N'est-ce que cela ? lui dit notre ami. Mettez donc cette affaire dans les mains de saint Antoine.

Faites-lui une petite promesse et tenez pour certain que vous ne partirez pas.

Il l'engage, toutefois, à aller exposer tout de suite son affaire à l'inspecteur principal.

C'était le jeudi que cela se passait.

Le lundi la joie était revenue à la maison.

Non seulement le jeune employé n'était pas obligé de s'expatrier, ce qui était déjà un grand point, mais il était promu sur place à un emploi supérieur à celui qu'il attendait. Il était nommé commis de 3e classe aux appointements de 1,350 francs, soit une augmentation de 150 francs, du fait du grand saint Antoine.

Et savez-vous ce qu'il avait promis pour les pauvres ? *1 franc 50 !* On voit dans quelle proportion démesurée saint Antoine paie l'intérêt des dons que l'on fait à ses pauvres ! 150 francs pour 1 franc 50 !

*
* *

L'aumône, assurément, obtient beaucoup, mais la prière, encore bien davantage. On en pourra juger par le trait suivant.

Une pauvre femme de Toulon de condition très humble, qui gagne fort péniblement sa vie en allant vendre différents objets à bord des bâtiments de l'escadre, avait une grande peine. Elle était brouillée depuis environ quatre ans avec son frère qui est très riche et habite une station à la mode dans les Alpes-Maritimes.

Depuis longtemps elle désirait se réconcilier avec lui. Toutes ses tentatives ayant été vaines, elle résolut de faire la pratique des 13 mardis, et prit l'engagement de venir régulièrement prier dans l'arrière-boutique.

« Mais, nous disait mademoiselle Bouffier en nous racontant le fait, le saint n'eut pas la patience d'attendre. »

Le 3e ou 4e mardi, en rentrant chez elle, assez triste, par parenthèse, car ce jour-là elle n'avait pas vendu pour un sou de marchandise, elle trouve un télégramme de son frère. Il lui mandait :

« Chère Sœur, viens me voir de suite, je t'attends.. »

Elle part, avec quelle allégresse!

Quelques jours après, dans l'arrière-boutique, les yeux remplis de larmes, elle racontait sa joie.

— Ah ! mademoiselle, disait-elle, que votre saint est bon. J'ai fait la paix avec mon frère, je viens de passer deux jours avec lui. Hier, quand je le quittai, il m'a dit :

« Je ne veux pas, ma sœur, te donner de l'argent, tu pourrais le perdre. Prends ce papier, tu iras, à Toulon, l'encaisser à la banque. »

Je ne savais pas ce que c'était, mademoiselle : je ne sais pas lire. Tenez, voyez, ce qu'on vient de me donner.

Elle avait dans les mains 6,000 francs en billets de banque.

— Aussi, ajouta-t-elle, je suis venue bien vite apporter leur part aux pauvres de saint Antoine... Et il y a des misérables qui disent qu'il n'y a pas de bon Dieu. Ah ! mademoiselle, j'ai fait jusqu'ici beaucoup de sacrifices pour faire élever mon enfant chez les Pères, mais quand je saurais d'aller pieds nus, avant tout je veux en faire un bon chrétien.

*
* *

Les réconciliations opérées par saint Antoine sont, d'ailleurs, innombrables.

C'est de Pierrefeu (Var), où saint Antoine fait merveille, qu'on nous adresse le fait suivant :

Une bonne chrétienne de Pierrefeu, à la suite de certaines affaires de famille, avait eu le chagrin de voir sa sœur se brouiller avec elle, quoiqu'elle fût manifestement dans son droit.

Il y avait treize ans que sa sœur n'était plus venue la visiter et ne lui avait adressé la parole. Elle, cependant, son aînée de plusieurs années, avait eu pour elle et ses enfants toutes sortes d'attentions. Sans rancune assurément, elle ne désirait rien tant qu'une réconciliation.

L'installation du culte de saint Antoine à Pierrefeu lui parut une bonne occasion de tenter un rapprochement qui paraissait devenu impossible, après treize ans !

Elle confie donc sa peine à saint Antoine. Or, voici qu'un dimanche, en novembre dernier, les offices du soir terminés, et son offrande accoutumée déposée dans le tronc du saint, elle se disposait à sortir de l'église, où elle s'était attardée toute seule, quand soudain, en tirant à elle la porte du tambour, elle se trouve en présence de sa sœur, qui, sans autre explication, lui tend la main, reconnait ses torts et demande à l'embrasser.

Il faut noter que cette personne, habitant une localité assez éloignée, devait aller sous peu résider dans une autre ville du département. Elle était venue tout exprès pour voir sa sœur aînée et se réconcilier avec elle. Après avoir assisté à une partie des vêpres, elle était venue guetter sa sœur à la sortie de l'Eglise.

*
* *

Elle était bien émue, la pauvre jeune femme qui, le 2 septembre dernier, rappelant à mademoiselle Bouffier une visite récemment faite, avec son mari, lui écrivait :

Je suis bien affligée aujourd'hui, mademoiselle ; je mourrai, bien sûr, de chagrin, si saint Antoine ne m'assiste. Mon mari vient de m'abandonner avec mes quatre enfants, pour une coquine! Lui qui m'aimait tant. Ah! priez, chère demoiselle, pour qu'il ait la force de rompre avec cette malheureuse et de revenir au milieu des siens. Si saint Antoine m'accorde cette grande grâce, quelque pauvre que soit ma bourse, je serai généreuse pour vos vieillards et vos orphelins.

Quatre jours après, grâce à saint Antoine, cette pauvre femme avait reconquis son mari, et le 29 septembre, toute radieuse de bonheur, elle venait dans l'arrière-boutique acquitter sa dette, et, dans la simplicité de son cœur, disait à mademoiselle Bouffier : « Ah! que votre saint est bon!

Je suis bien heureuse, allez ! mon mari est encore plus gentil qu'avant ! »

*
* *

Vous venez de voir l'épouse à laquelle il a rendu son mari, vous allez entendre la mère qui le remercie de lui avoir conservé son enfant.

Une jeune femme très modestement vêtue et toute rayonnante de joie entre dans le magasin de mademoiselle Bouffier, portant au bras un magnifique bébé de 15 jours.

— Mademoiselle, dit-elle, je viens offrir mon bébé à saint Antoine. Il m'a fait une grande grâce, votre saint. Je n'avais pu, jusqu'ici, conserver un seul enfant. Ils mouraient tous en naissant. Vous pensez si j'étais malheureuse. J'avais promis 20 francs à saint Antoine, s'il m'accordait la grâce de conserver celui que j'attendais. Il a bien voulu m'exaucer et je viens remplir ma promesse... Pardon, mademoiselle, ajouta-t-elle, veuillez me prêter une paire de ciseaux. »

Et devant mademoiselle Bouffier, un peu interdite, la jeune femme, détachant quelques boutons de son corsage, tire de son sein un petit sachet de toile grossière suspendu au cordon de sa chemise.

Coupez, dit-elle, et veuillez découdre ce petit sac. Je porte sur moi depuis trois mois, avec une relique de saint Labre, une pièce de vingt francs amassée à grand peine et promise aux pauvres de saint Antoine. Ah ! j'avais grand peur de la dépenser, car je ne suis pas riche et j'ai eu des moments bien pénibles. C'est pourquoi j'ai pris la précaution de coudre ma pièce jaune, afin de n'être pas tentée d'y toucher. Croyez bien que ce n'est pas sans beaucoup de sacrifices que j'ai pu la garder intacte. Mais je ne regrette rien, j'ai tout oublié, puisque votre bon saint Antoine a bien voulu me conserver mon fils.

Et la jeune femme, le sachet décousu, plaça la pièce d'or dans les mignonnes menottes du bébé pour qu'il déposât lui-même, dans le tronc, cette somme importante pour elle, qu'elle considérait, en quelque sorte, comme la rançon de son enfant.

Ce tableau, nous disait mademoiselle Bouffier, nous arrachait des larmes d'attendrissement.

Terminons ce chapitre par le trait d'une mère secourue pas saint Antoine dans des circonstances vraiment merveilleuses. C'est le grand voyageur du saint, le R. P. Marie-Antoine de passage à Toulon, — une halte entre deux trains, — qui nous le racontait, dans l'arrière-boutique, le 17 juin dernier.

C'était une pauvre femme bien malheureuse et bien affligée, veuve, avec un fils dont l'inconduite la désolait. Il venait de perdre son emploi, elle-même se trouvait sans travail et sans ressources.

Elle vint conter ses peines à l'excellent religieux, alors à Bordeaux, car c'est dans cette ville que le fait s'est passé.

— Recourez donc à saint Antoine de Padoue, lui dit le Père ; exposez-lui votre affaire et ayez confiance, il ne rebute personne.

— Oh ! mon Père, reprit la pauvre femme, si saint Antoine pouvait faire ce miracle ! Mon fils me fera mourir de chagrin. Si saint Antoine m'obtient qu'il redevienne le bon chrétien qu'il était avant qu'il n'eût rencontré de mauvais camarades, et s'il me procure un peu de travail pour moi-même, bien volontiers je lui promets, pour ses pauvres, les *premiers vingt sous* que je gagnerai.

Trois ou quatre jours après sa promesse, un changement inespéré s'opéra dans la conduite de son fils. Il reconnut ses torts, et promit à sa mère d'apporter plus de zèle et d'assiduité à son travail, dès qu'il aurait trouvé un nouvel emploi.

En même temps, une place des plus modestes était offerte à la pauvre mère. Il était temps. Elle venait d'épuiser ses dernières économies. Le soir même elle reçut, pour salaire de sa journée, un franc, en deux pièces de cinquante centimes.

C'était un samedi. Elle ne voulut mettre aucun retard dans l'accomplissement de sa promesse. Le lendemain elle alla déposer ses deux pièces de cinquante centimes dans le tronc de saint Antoine à la chapelle de l'Alhambra, chez les religieux Assomptionnistes, puis assista dévotement à la messe et y communia.

Elle avait d'autant plus de mérite à s'acquitter si vite de sa dette, la pauvre femme, qu'à ce moment ces deux petites pièces de monnaie constituaient tout son avoir.

Mais peu lui importait, la promesse était formelle. Saint Antoine l'avait exaucée tout de suite, elle ne voulait pas se laisser vaincre en générosité.

Elle s'en revenait, l'esprit un peu préoccupé, sans doute, par la perspective d'une longue journée de jeûne, mais le cœur content tout de même, et de plus en plus remplie de confiance en la Providence.

Pensive, elle traversait, pour regagner son logis, la rue de la Trésorerie, lorsque ses yeux furent attirés par un objet brillant au milieu de la chaussée. Elle se baisse et reconnaît une pièce de cinquante centimes. S'adressant aux personnes qui se trouvaient là, elle demande si quelqu'une d'elles n'aurait pas laissé tomber cette pièce. — Gardez donc, brave femme, lui dit un passant aussi touché de son acte que de sa mise plus que modeste.

Comment n'aurait-elle pas vu, dans cette trouvaille inespérée, une attention de la Providence.

Le soir, à l'issue des vêpres, dans la rue Saint-Serin, sur le trottoir, une seconde pièce de dix sous semblait l'attendre au passage, inaperçue des nombreux passants qui circulaient autour d'elle, et visible, semblait-il, uniquement pour elle seule. Elle scintillait dans la boue, disait le bon Père Marie-Antoine, comme une petite étoile !

Dans la journée, saint Antoine lui avait rendu ses vingt sous !

XI

« LES DANGERS DISPARAISSENT »

Que parlons-nous de la foi des simples? La dévotion à notre saint est universelle. C'est dans toutes les classes de la société, dans les plus élevées comme dans les plus humbles, que l'on invoque son pouvoir.

Citons quelques exemples de son intervention dans des circonstances bien critiques.

*
* *

Un ingénieur de l'État, d'ailleurs bon chrétien, n'avait jamais entendu parler des merveilles de saint Antoine. Un jour, dans le monde, une dame, devant lui, affirmait la réalité de ces prodiges à des personnes qui les mettaient en doute et en plaisantaient discrètement. Connaissant les sentiments de son visiteur, cette dame fit appel à son témoignage pour confirmer ce qu'elle en disait.

— Madame, répondit-il, j'avoue que je n'en sais rien, je n'en ai jamais entendu parler. Mais je ne serais nullement surpris, quant à moi, que Dieu accordât à ce saint un tel privilège.

Notre ingénieur avait parfaitement oublié cette conversation de salon, lorsqu'une circonstance inopinée la lui rappela, et le fit à son tour recourir à ce saint dont on lui avait tant vanté le crédit. C'est de lui-même que nous tenons ce récit.

Il avait été chargé de rassembler ce qui était nécessaire à des expériences auxquelles le ministre attachait une grande importance. Accablé d'ouvrage par la solution d'affaires que ses chefs lui signalaient toutes comme très urgentes, il ne put commander assez à temps tout le matériel, et, quand arriva la date des essais, qui fut, d'ailleurs, fixée à l'improviste par le ministre, un élément important de ce matériel fit défaut. Il ne devait être livré par le fournisseur qu'à une date ultérieure.

Très contrarié et très préoccupé, l'ingénieur en parla à son chef et lui demanda conseil.

« Ah ! répondit celui-ci, tirez-vous d'affaire comme vous pourrez. On fait de grands frais, vous le savez, pour exécuter des essais que le ministre considère comme très urgents, et il se trouve qu'un des éléments essentiels fait défaut ! Tant pis pour vous ! Justifiez-vous comme vous pourrez, sans quoi il y a inévitablement pour vous un blâme sévère du ministre, au bout de cette affaire !... »

Or il était à peu près impossible à l'ingénieur de se justifier. Jamais il n'aurait pu prouver au ministre que le matériel manquant n'avait pu être commandé en temps utile.

Ainsi abandonné par son chef et ne voyant nul moyen humain de se tirer d'affaire, notre ingénieur se souvint de saint Antoine de Padoue et lui confia son embarras.

Le soir même, toujours préoccupé, il revint voir son chef pour lui demander de nouveau conseil, espérant le trouver mieux disposé que le matin.

Aux premiers mots, celui-ci l'interrompt avec bienveillance pour lui dire : « Ne vous inquiétez plus ; un matériel identique à celui qui manque vient d'être découvert dans un coin de tel atelier où l'on n'avait pas songé à le chercher. »

Et voilà, nous disait l'ingénieur, comment saint Antoine se chargea de me prouver que je n'avais pas trop présumé de sa puissance devant les sceptiques qui la contestaient. Vous pouvez penser si, depuis lors, je l'invoque avec confiance dans les circonstances pénibles ; je lui ai dû la solution de bien des cas embarrassants. Car saint Antoine secourt ses clients dans toutes les positions et dans toutes les carrières, et nulle difficulté ne lui est un obstacle.

*
* *

Il arrive très fréquemment, dans des cas pressés, que l'on fixe un délai à saint Antoine, on lui impose une échéance. « Grand saint, lui dit-on, c'est à telle date que je vous demande de m'accorder telle faveur. » Et le saint s'exécute avec une complaisance admirable.

Citons de cette ponctualité un exemple vraiment frappant.

Le 21 août dernier, une lettre des plus navrantes parvenait d'une ville de l'ouest, à l'arrière-boutique.

Une mère de famille écrivait sa désolation à mademoiselle Bouffler. Depuis trois mois son mari, occupant une situation des plus en vue, avait disparu, sous le coup d'un vif chagrin, sans dire où il allait, et sans qu'on eût rien pu découvrir du lieu de sa retraite. Il avait pris cette fatale détermination à l'insu des siens, dans un moment de découragement et d'affolement causé par les calomnies de quelques personnes malveillantes, calomnies que rien, d'ailleurs, ne justifiait.

Le lendemain de son départ, une lettre du fugitif, datée d'une ville du Midi, informait simplement sa femme qu'il quittait la France pour toujours.

On avait espéré d'abord que ce n'était qu'un coup de tête facile à comprendre, à cause du chagrin éprouvé. Mais trois longs mois s'étaient écoulés sans nouvelles. L'inquiétude et la tristesse de l'abandonnée s'exprimaient en des accents qui arrachaient des larmes.

Un seul espoir lui restait. Elle avait entendu parler de saint Antoine de Toulon ; elle faisait le vœu d'envoyer 25 francs pour le pain des pauvres, si saint Antoine lui rendait son mari avant le 2 septembre.

Demandez, je vous en supplie, écrivait-elle, que notre cher disparu nous soit rendu avant le 2 septembre, et que nous ayons de ses nouvelles promptement. Avec quelle joie j'enverrai ma modeste offrande !

Le 2 septembre, au jour dit, la faveur était obtenue.

Une lettre datée du 7 septembre racontait la merveille en ces termes :

Mademoiselle,

Saint Antoine a exaucé nos prières. Il vient de faire un miracle en me rendant mon cher mari dont je n'avais aucune nouvelle depuis trois mois !...

Nous sommes dans la plus grande joie ! Quelle reconnaissance ne devons-nous pas au glorieux thaumaturge pour une si grande faveur !

J'avais demandé des nouvelles pour le 2 septembre, et c'est précisément ce jour-là que nous avons reçu la bonne lettre qui nous annonçait le retour de notre cher absent ; le 4, il était auprès de nous.

Gloires soient rendues à Dieu et à saint Antoine pour un miracle si évident.

Merci à vous également, mademoiselle, qui avez si

bien contribué, par vos prières si ferventes, à nous rendre la joie et le bonheur.

Je suis heureuse de vous envoyer sous ce pli ma modeste offrande (*cinquante francs*), pour le pain des pauvres qui ont prié saint Antoine pour nous.

*
* *

C'est sous ce titre « Vingt ans après », emprunté à un roman célèbre, qu'il faut raconter le fait qui, vers le milieu du mois de janvier 1895, se passait à la Seyne (Var).

En 1875, les époux R... perdaient une de leurs filles, morte en donnant le jour à un petit garçon. Terrassé par ce coup qui brisait sa vie, leur gendre éperdu abandonna La Seyne presque aussitôt et retourna à Béziers, son pays natal, en emportant avec lui son enfant.

Grande fut la désolation de la famille de la jeune femme si prématurément ravie à leur affection, qui se trouvait ainsi frappée par un double malheur. Vainement on adressa lettres sur lettres au gendre, le suppliant de revenir. Toutes les prières furent inutiles. Cet homme demeura inflexible. Le souvenir de la ville où il avait perdu sa femme lui étant sans doute odieux, il déclara que, tant qu'il vivrait, l'enfant n'aurait même aucune communication avec ses grands-parents de La Seyne.

Il tint parole. Jamais plus on ne le revit. Il est mort dans le courant de l'année 1894. Son fils avait donc grandi sans se douter de l'affection vive et profonde que nourrissaient pour lui ces parents qu'il ne connaissait pas.

La famille R... pourtant ne l'oubliait pas. Elle brûlait d'un désir toujours plus grand de revoir cet enfant si tendrement aimé, quoi qu'il leur fût totalement inconnu. Mais il semblait bien, après vingt ans, qu'ils dussent perdre toute espérance d'avoir jamais le bonheur de le revoir.

Or, dans les premiers jours du mois de janvier 1895, mademoiselle J. R..., la tante du jeune homme, après avoir lu dans la *Croix du Var* la chronique hebdomadaire des *Merveilles de saint Antoine*, se sentit inspirée de commencer une neuvaine à saint Antoine et lui fit une promesse de pains, s'il voulait bien prendre en pitié le chagrin de sa famille.

Le quatrième jour de la neuvaine un jeune artilleur de marine venait sonner à la porte de madame R...

— Bonjour, madame, dit-il, est-ce bien ici que demeure madame R... ?

— Oui, monsieur, répond-elle à cet inconnu, que désirez-vous?

L'artilleur décline son nom.

C'était le petit-fils et le neveu si ardemment désiré depuis vingt ans.

Le premier cri de ces braves gens si rapidement exaucés fut un hymne de reconnaissance envers le grand saint qui ramenait ainsi celui qu'on ne croyait plus revoir jamais.

Comment douter que ce ne soit saint Antoine qui ait inspiré à ce jeune homme, habitant Béziers, la pensée de s'engager dans l'artillerie de marine, à Toulon, à deux pas de son pays natal !

Toute la ville de la Seyne a connu le fait. Les amis et voisins de la famille R... ne pouvaient manquer de remarquer la coïncidence frappante de l'arrivée inopinée du jeune artilleur avec la neuvaine commencée par sa tante, qui s'est empressée, avec quel bonheur !... de tenir sa promesse.

*
* *

Nous avons raconté plus haut le trait de cette jeune femme venant remercier saint Antoine de lui avoir rendu son mari. Le saint fit mieux encore dans les circonstances que l'on va voir.

Il ne manque pas, de par le monde, de ménages troublés et désunis. Pour rétablir la paix on a inventé le divorce. C'est un remède pire que le mal. Au lieu de déranger les juges dont l'intervention ne peut être que néfaste, les époux, auxquels pèse la vie commune, feraient plus sagement de recourir à saint Antoine.

Une jeune femme avait donné quelque sujet de plainte à son mari. C'est elle-même qui l'avoue, car, nous l'avons dit, on se confesse à saint Antoine. L'époux irrité ne parlait de rien moins que de divorcer. Deux vies brisées irrémédiablement, cela arrange, en effet, toutes choses.

En discorde perpétuelle avec son mari, elle était allée se réfugier dans sa famille, et attendait, dans la plus grande anxiété, qu'il prît à son égard une décision. Elle pressentait trop laquelle. Elle écrivait de Lyon une lettre désespérée.

Que n'avait-elle pas fait cependant pour fléchir la colère de son mari ? Mais toutes les lettres de regrets, de soumission avaient été inutiles. Il n'avait répondu à aucune. Il s'était borné à indiquer que tel jour il se rendrait à Lyon pour y exposer ses griefs devant les parents de sa femme et les convaincre des raisons qui le faisaient agir.

Plus de doute, il ne veut plus entendre parler d'elle.

« J'ai fait, écrivait celle-ci, deux neuvaines à saint Antoine et mes affaires semblent tourner au pire.

» Je vous en supplie, mademoiselle ; recommandez-moi bien dans vos prières, car que deviendrai-je dans une grande ville ? Aucun de mes parents ne peut me garder avec lui. Il me faudrait vivre seule et travailler, car mes ressources ne me suffiraient pas. Ce serait dur pour moi qui n'ai jamais eu à m'inquiéter de subvenir à mes besoins. Mais ce sont surtout les dangers que courrait mon âme qui me font frémir. »

Au bas de cette lettre, signée d'un simple nom de baptême, une adresse où la réponse pouvait être envoyée.

Ce sont là des confidences qui font parfois dire à mademoiselle Bouffier qu'il lui faut implorer l'Esprit-Saint pour y répondre. Et avec quelle affectueuse charité et quelle délicatesse elle panse ces blessés des batailles de la vie, elle console et réconforte ces âmes endolories !

Saint Antoine toucha le cœur de l'époux offensé. C'est dans l'intention de poursuivre le divorce qu'il était venu à Lyon, et ce ne fut qu'après bien des discussions avec la famille de sa femme qu'il consentit enfin à reprendre la vie commune. Une lettre datée d'une ville du centre informait l'intendante de cette solution inespérée.

L'alerte avait été chaude ! Saint Antoine achèvera sûrement l'œuvre commencée et ramènera la joie après avoir rétabli la paix. L'affaire ne saurait être en meilleures mains.

XII

« LES NÉCESSITÉS FINISSENT »

Un billet de banque perdu et retrouvé, cela se voit fréquemment, grâce à saint Antoine. Mais un billet déchiré sur la grande route, dont les morceaux ont été livrés au vent et que l'on retrouve tout de même, cela se voit plus rarement.

Il y a quelque temps, au moment de rendre compte de ses recettes à son patron, un modeste employé de commerce de Toulon fut très étonné de ne plus trouver dans sa poche un billet de banque de cent francs qu'il avait la veille encaissé d'un client.

S'imaginant l'avoir laissé, par mégarde, dans un autre vêtement, il retourne en toute hâte à son domicile, à Saint-Jean-du-Var (c'est un des faubourgs de Toulon), et constate avec stupeur que le billet ne se trouve dans aucune de ses poches.

Alors, le pauvre garçon éperdu se souvient que, la veille, en revenant chez lui, à la tombée du jour, pour alléger la pochette extérieure de sa veste, il s'était mis, tout en marchant sur le grand chemin, à déchirer les menus papiers dont elle était démesurément gonflée. C'est dans cette poche qu'il avait justement glissé le billet de banque, il s'en souvient parfaitement.

Plus de doute, il l'a déchiré avec les notes diverses de la journée, et les lambeaux, dispersés sur le grand chemin, auront été emportés par le vent.

Sa famille, dans une émotion que l'on s'explique, ecourt immédiatement à saint Antoine et lui romet cinq francs pour ses pauvres, s'il fait etrouver du billet assez de morceaux pour que a banque consente à le rembourser.

Les voilà en quête sur la route, sondant les uisseaux, interrogeant les ornières, furetant au ied des murs et le long des haies.

Il était dix heures du matin environ quand elle chasse commença, et le billet avait été déhiré la veille au soir, vers les cinq heures.

Que pouvaient être devenus ces lambeaux minuscules de papier, livrés à tous les hasards de a grande route, détrempés par la rosée de la uit, foulés aux pieds par les passants, ensevelis peut-être dans la boue par quelque lourd canion.

Cette poursuite pleine d'angoisses et de fatigues durait depuis plusieurs heures, sans résultat. Le découragement commençait à s'emparer de ces braves gens, dont les passants ne s'expliquaient guère les recherches inquiètes et fébriles, quand un cri de joie retentit.

Accroché aux buissons de la haie, un léger lambeau de papier bleuâtre vient d'être aperçu.

Merci, saint Antoine! Ce n'est sans doute encore qu'un fragment du billet, mais un fragment notable: c'est un morceau exactement carré, tout le milieu du billet. Il avait été déchiré plié en quatre: il manquait donc tout le tour, sur une largeur d'environ deux centimètres.

Voudra-t-on le rembourser dans cet état?

On court à la banque. Hélas! il manque un détail essentiel, les numéros du billet. Sur chaque billet sont imprimés, on le sait, quatre numéros; deux suffiraient à la rigueur. mais le morceau trouvé n'en porte aucun.

Il faut chercher encore. On se remet en quête avec plus d'ardeur. La route est de nouveau parcourue, explorée minutieusement. Enfin, après une laborieuse investigation, deux nouveaux fragments, pas un de plus, sont découverts, l'un au pied d'un mur, l'autre au milieu de la route, collé au revers d'une ornière. Mais tous les deux portaient. imprimés en noir, un des numéros réglementaires.

Le billet, en partie reconstitué sur une feuille de papier, avec ces lambeaux providentiellement retrouvés, était le soir même expédié à Paris, et peu de temps après, on en remboursait le montant.

*
* *

Faire retrouver l'argent perdu ou rentrer l'argent compromis, c'est un jeu pour notre saint.

Nous en avons cité plusieurs exemples au chapitre de la correspondance. Le suivant a été pris sur le vif.

Une famille toulonnaise, établie dans un faubourg, avait beaucoup de souci au sujet d'une somme due depuis fort longtemps, vainement réclamée mainte fois, qu'on s'obstinait à ne vouloir pas restituer, et qui semblait bel et bien perdue.

Un beau matin madame X... déclara tout net à son mari, rien moins que clérical pourtant, qu'elle donnerait tant de kilos de pain aux pauvres de saint Antoine, si le saint réussissait à leur faire rendre cette somme.

— Bon, dit le mari, si c'est ton idée !

Elle fit la chose en conscience : visite à l'arrière-boutique, prière, neuvaine et, le dernier jour, assistance à la messe.

Elle en revenait, quand à sa porte, elle rencontre le facteur qui, justement, avait à lui remettre un pli.

Dans ce pli, vous l'avez deviné, se trouvait l'argent depuis si longtemps attendu.

Au comble de la joie madame X..., s'en fut, dans le quartier, raconter, de porte en porte, la bonne nouvelle et chanter les louanges du grand saint Antoine.

— Je sautais de joie, disait-elle à mademoiselle Bouffier.

— Et votre mari ?

— Oh ! mon mari..., il avait perdu la parole de saisissement. Mais son visage était inondé de larmes.

*
* *

Montrons maintenant saint Antoine aux prises avec les voleurs.

A quelque distance de la ville de Sanary (Var) est située la petite île des Ambiers. Elle appartient à un Marseillais, plus connu encore par son inépuisable charité que par sa fortune. Il en a confié l'administration à un régisseur qui occupe, à des salines, un certain nombre d'ouvriers.

Le dimanche 14 octobre 1890, pendant que ce régisseur, notre excellent ami M. J.-P. Guironet, quittait l'île qu'il gouverne pour aller entendre la messe au petit village de Reynier, on dévalisait sa maison.

En son absence, c'est-à-dire de neuf heures à onze heures du matin, son domicile était mis à sac. Portes enfoncées, meubles fracturés, lits éventrés, tiroirs vidés, armoires bouleversées, rien ne manquait au lugubre tableau. L'argenterie, les bijoux, quantité d'objets de valeur avaient disparu. Nous n'essayerons pas de décrire la désolation de M. Guironet à son retour.

Il passa l'après-midi à la recherche des voleurs. Harassé de fatigue et brisé d'émotions, il s'était étendu quelques instants sur son lit, attendant le jour pour aller faire sa déposition au parquet de Toulon.

L'esprit hanté d'idées sinistres, il ne dormait guère, nous disait-il, quand vers minuit, sans qu'il sût comment, la pensée de saint Antoine lui traversa subitement l'esprit. J'avais eu le plaisir, un mois ou deux auparavant, de le conduire à l'arrière-boutique. Tout aussitôt il fit une promesse de 25 francs pour les pauvres, si le grand saint lui faisait trouver son voleur.

Le lendemain, à la première heure, il accourait à Toulon.

Au bureau de police un agent de planton, en le voyant entrer, le dévisagea et, à brûle-pourpoint, lui dit :

— Monsieur, c'est vous qui avez été volé hier. Nous tenons votre homme.

— En effet, dit-il, fort interloqué, j'ai été volé, et je venais... mais comment savez-vous?...

Voici ce qui s'était passé.

Dans la nuit, vers les deux heures du matin, deux agents de la sûreté, déambulant dans le quartier réservé, remarquèrent les allures équivoques d'un passant, légèrement pris de vin, qui serrait sa veste sur sa poitrine d'une façon particulière. Ils n'hésitèrent pas à l'aborder, cherchant à se rendre compte de ce qu'il essayait de dissimuler. Son état de demi-ébriété leur permit de constater qu'il avait les poches pleines de bijoux, chaînes, bracelets, montres, broches, chapelets, médailles, croix, couverts d'argent, etc., etc., plus un magnifique revolver dont le canon sortait un peu de la poche intérieure de son vêtement.

Il n'en fallut pas davantage pour intriguer fortement nos deux agents qui s'empressèrent d'offrir à cet inconnu, si bien nippé, l'hospitalité du bureau de police.

Là, ils purent le fouiller plus à l'aise ; ils lui vidèrent consciencieusement les poches, de plus en plus émerveillés de tout ce qu'ils en tiraient. Le malheureux, dans sa précipitation, avait fait main basse, sans discernement, sur tout ce qui s'était présenté ; il avait notamment emporté un extrait de naissance de la petite fille de M. Guironet, un médaillon contenant des cheveux de fillette, et enfin, voyez la malechance, une photographie, un peu ancienne, de M. Guironet entourée d'un petit cadre de métal doré, qu'il avait dû prendre pour de l'or.

Les agents ne doutèrent pas une minute que ce portrait ne fût celui du propriétaire de tous les objets dont leur capture avait les poches bourrées; et c'est pourquoi, le lendemain, ils saluaient M. Guironet, à son entrée, comme une vieille connaissance.

Il y avait trop de pièces à conviction pour que le voleur, enfin dégrisé, put s'obstiner dans un absurde système de dénégations. Il ne tarda pas à comprendre qu'il fallait tout avouer. Il se donna toutefois la satisfaction un peu niaise de dire qu'un quart d'heure plus tard, on ne l'aurait sûrement pas eu. Il se dirigeait, en effet, vers la gare où le train pour Vintimille part à deux heures un quart du matin (1).

M. Guironet, on le voit, l'avait échappé belle. Aussi, en sortant du tribunal, s'empressa-t-il de venir remercier saint Antoine. Un des agents de la sûreté l'acccompagna à l'arrière-boutique et s'agenouilla à ses côtés. Ce n'était pas, d'ailleurs, la première fois qu'il y venait.

*
* *

Voici mieux encore.

Dans le courant du mois de juin 1894, madame X..., habitant une maison de campagne aux environs de Toulon, fut un matin très surprise et très bouleversée en constatant qu'une somme de quatorze cent francs en billets de banque qu'elle tenait renfermée dans une armoire à glace, sous une pile de linge, avait été dérobée.

Depuis combien de temps le vol avait-il été commis et qui pouvait bien en être l'auteur?

(1) C'était un Italien. Il a été condamné, le 31 janvier 1895, à 8 ans de travaux forcés et 10 ans d'interdiction de séjour par la cour d'assises du Var.

C'est ce dont il lui fut impossible de se rendre compte. Toutes ses recherches furent vaines. Madame X se croyait sûre de ses domestiques, et ne savait sur qui faire peser ses soupçons. Deux mois se passèrent ainsi, et il semblait certain qu'on ne découvrirait rien et qu'il fallait, quoiqu'il en coûtât, faire le sacrifice de cette somme.

Un jour, cependant, madame X..., fortuitement, entendit parler de saint Antoine. Elle fit, sans tarder, la promesse de donner cinquante francs aux pauvres de l'arrière-boutique, si saint Antoine lui venait en aide dans cette circonstance désespérée. Comme c'était une bonne chrétienne, réfléchissant qu'il convenait de ne négliger aucune des conditions qui pourraient toucher le saint, elle fit une neuvaine qu'elle clôtura par une communion.

Le dernier jour de la neuvaine, ses dévotions faites, elle s'en revenait chez elle le cœur plein de confiance. En franchissant la porte du jardin qui précède sa maison de campagne, elle aperçut sur le sable de l'allée, tout auprès d'une plate-bande, un petit paquet de chiffons roulés. Cet objet insolite l'étonna. Elle se disposait à poursuivre son chemin, quand une inspiration subite, qui précipita le mouvement de son cœur, la fit s'arrêter. Elle se baisse et, d'une main que l'émotion fait trembler, ramasse ce paquet informe. A la hâte elle le déplie, et quel n'est pas son trouble et en même temps sa joie en y trouvant *douze cents francs* en billets de banque. Il ne manquait que 200 francs, pour que la somme volée fût intacte.

On devine sans peine les sentiments qui agitèrent madame X... devant cette réponse foudroyante de saint Antoine.

Mais ce n'est pas tout. Le saint tenait à montrer qu'il ne fait pas les choses à moitié.

Il y avait une demi-heure à peine que madame X..., au comble de la joie, était rentrée chez elle, quand on vint l'avertir qu'une personne de sa connaissance, une amie, demandait instamment à lui parler.

Lorsque cette personne entra, madame X..., à ses traits décomposés, comprit que c'était la coupable, et ne put réprimer un frémissement.

— Oui, c'est moi, lui dit cette amie que jamais elle n'aurait osé effleurer d'un soupçon. C'est moi, reprit-elle au milieu de ses sanglots et en tombant à ses genoux. J'ai cédé à une tentation diabolique. C'est moi; pardonnez-moi, madame, ne me perdez pas. Il vous manque deux cents francs; je les ai dépensés, mais je vous les rendrai, je vous le promets, si vous voulez bien m'accorder du temps.

Provoquer à la fois la restitution et l'aveu du coupable, voilà, nous semble-t-il, qui n'est pas commun.

*
* *

Ce qui suit est plus extraordinaire encore.

Les détails du fait qu'on va lire ont été racontés par la personne même à laquelle il est arrivé, personne en tous points dignes de foi; ils ont été d'ailleurs soigneusement contrôlés sur place.

Le jeudi 5 octobre 1893, à Pierrefeu (Var), deux braves femmes, la tante et la nièce, devisaient sur le pas de leur porte, quand une diseuse de bonne aventure se présenta devant elles, leur offrant de recourir à son art.

L'une d'elles, la nièce, malgré les objurgations de sa tante, cédant aux instances et aux importunités de la gitana, entra chez elle chercher quelque monnaie pour l'horoscope. Elle fut suivie par la visiteuse qui se glissa dans le corridor sur lequel donne le logement de la vieille tante ; logement dont la porte était entre-bâillée. Il y avait dans le tiroir de la table de cuisine deux pièces d'or de 10 francs déposées peu auparavant, dont la disparition fut constatée après le départ de la devineresse. Ce fut tout naturellement sur celle-ci que les soupçons des deux femmes se portèrent.

La dame V. R. avait fait depuis longtemps son deuil de ses 20 francs, lorsqu'en 1894, peu après l'installation du culte de saint Antoine dans la paroisse de Pierrefeu, en entendant raconter tous les faits merveilleux de découvertes opérées par le bon saint, l'idée lui vint de recourir, elle aussi, à son intervention, pour recouvrer son argent qu'elle n'attendait plus guère. Son neveu, à qui elle confia son projet, se prit à rire, comme de juste, . . la plaisanta.

C'était au début de novembre, pendant l'octave des morts. La dame V. R. commença une neuvaine qu'elle se proposait de clôturer par la communion. Mais le saint n'en attendit pas la fin.

Sur le soir du huitième jour, à l'issue de l'office des morts, elle retournait chez elle, quand, à quelques pas de son domicile, elle fut brusquement accostée par une femme encapuchonnée qui, la saisissant violemment par le bras, lui dit :

— Que tu me fais souffrir... va !...

— Mais, mon Dieu, s'écria en provençal la bonne femme tremblante de peur, qui puis-je faire souffrir ?

— Eh bien ! ajouta l'autre en se hâtant de s'éloigner, tu le trouveras sous la porte...

Le neveu, qui avait entendu quelque bruit, sortit aussitôt ; il vit une femme qui s'en allait et ne put la reconnaître.

Le trouble de la femme V. R. était indicible. Pendant qu'on s'empresse autour d'elle, elle raconte ce qui vient de se passer. On jette alors les yeux sous la porte, et, brillantes dans l'obscurité, on aperçut les deux pièces de 10 francs volées treize mois auparavant.

XIII

« CEUX QUI DEMANDENT REÇOIVENT »

Les affaires sont fort difficiles par le temps qui court, et il ne manque pas de commerçants et d'industriels que l'inéluctable perspective des échéances préoccupe parfois vivement. S'ils avaient l'idée de recourir à saint Antoine pour faire honneur à leurs affaires, ce serait une bonne inspiration. Beaucoup le font, comme on va voir, qui n'ont pas lieu de s'en repentir. Dans le nombre incalculable des faveurs diverses que l'on sollicite de notre saint, c'est peut-être une de celles qu'on lui demande le plus fréquemment.

Le journal *La Vérité*, qui ne laisse guère passer de jour sans entretenir ses lecteurs des faveurs de saint Antoine, publiait naguère la lettre suivante :

Monsieur le Directeur,

J'ai promis l'autre jour à saint Antoine de Padoue de vous envoyer dès le lendemain 5 francs pour l'Œuvre du Pain des Pauvres, s'il me faisait trouver de quoi compléter une somme que je devais mettre à la poste le soir même.

J'ai eu la somme le soir même, et tellement juste qu'il ne m'est pas resté de quoi vous envoyer 5 francs le lendemain.

Veuillez donc dire à saint Antoine que je ne le trouve pas raisonnable de me tenir la dragée si haute.

Je vous envoie les 5 francs de l'autre jour, et je promets d'envoyer 50 francs (si je les ai) dès que j'aurai obtenu la solution d'une affaire pendante.

*
* *

Une modeste industriel d'une localité de l'arrondissement de Brignoles (Var) fut plus heureux, dans une circonstance toute semblable. Le 21 novembre 1894 il adressait 5 francs à la rue Lafayette pour remercier saint Antoine de l'avoir tiré d'embarras.

Je craignais beaucoup d'être court, dit-il, pour payer mes traites de fin octobre. Ne sachant à qui me recommander, je promis 5 francs à saint Antoine le dimanche 28 octobre, si je faisais 100 francs de vente le lendemain.

Le soir, quand je comptais ma recette, je trouvais juste mes 100 francs, *plus les 5 francs* promis à votre bon saint. *J'en fus stupéfait*, car les acheteurs n'avaient pas afflué plus que de coutume dans mon magasin et je ne m'attendais pas à ce résultat.

Je vous prie, mademoiselle, de lui présenter mes remerciements.

Ce n'est pas nous qui nous étonnerons, on le comprendra, que saint Antoine témoigne quelques préférences pour ses clients du Var.

*
* *

Et quel homme d'affaires plein d'à-propos et d'entregent que notre saint!

Moyennant un courtage honnête, il s'entremet volontiers pour résoudre les cas épineux et raccorder les ventes compromises. Ecoutez ce que raconte un négociant de Barjols (Var), en envoyant six francs :

Je m'étais engagé pour une fourniture assez importante à livrer à un jour fixé par mon client. Le jour dit, il vint à pleuvoir et il me fut impossible de livrer mes balles, comme nous en étions convenus. Mon client avait besoin de ma marchandise. Il en prit ailleurs, me laissant, bien à tort, ma commande pour compte.

Fort ennuyé, comme on le pense, j'invoquai saint Antoine dont un ami m'avait parlé et le bon saint a tout arrangé.

Le client m'a fait dire que, nonobstant son premier refus formel, il acceptait que je lui expédiasse les balles commandées.

Cette bonne réflexion-là a été certainement inspirée par saint Antoine.

Il aurait grand tort d'en douter.

*
* *

Par suite de certaines circonstances, une dame qui gère un restaurant dans un des quartiers les plus fréquentés de Toulon, voyait les clients déserter peu à peu son établissement. Elle en était fort affectée, un jour surtout qu'ayant à faire un paiement sérieux, elle n'avait pas grand'chose dans sa caisse.

L'idée lui vint, comme à tant d'autres, de recourir à saint Antoine. Elle se rend à l'arrière-boutique, adresse une prière au grand thaumaturge, lui fait une promesse de pain, et revient chez elle au plus vite. Il était midi.

Un de ses garçons, la serviette sur le bras, en faction sur la porte du restaurant, semblait la guetter. Dès qu'il la voit, il lui fait signe de se dépêcher.

Elle accourt, et quelle n'est pas sa surprise en constatant que son établissement est bondé de clients : toutes les tables sont occupées, pas une place vide. On l'attendait à l'office, avec impatience, pour qu'elle dirigeât le service.

Le soir, la faveur du public ne se démentit pas. Aussi la bonne dame disait avec conviction : « Oh ! maintenant, je connais la recette. S'il m'arrive encore de manquer de clients, je viendrai en demander à saint Antoine ! »

*
* *

Il procure aussi des bailleurs de fonds.

Il y a trois ans, dans la petite ville de Clermont (Oise), un honnête ouvrier quittait l'atelier dans lequel il avait travaillé trente ans, et s'établissait pour son compte, malgré l'extrême modicité de ses ressources.

La Providence, qui est le vrai nom de cette fortune que les païens invoquaient, bénit les efforts de cet audacieux. L'ouvrage ne lui fit jamais défaut. Mais l'argent lui manquait parfois. Il est si difficile à notre époque de faire rentrer ses fonds! Les clients ne sont jamais pressés de payer. Depuis quatre ou cinq mois surtout, par suite des exigences de certains créanciers, et de la négligence de beaucoup de débiteurs, la situation était devenue des plus critiques.

Et cependant, avec cent ou deux cents francs, il eût pu satisfaire les plus intraitables. Deux cents francs, ce n'est pas grand'chose, en somme. Il avait frappé à beaucoup de portes, mais n'avait partout rencontré que des refus ; aussi commençait-il à désespérer sérieusement de faire honneur à ses affaires.

Un ami qui, personnellement, ne pouvait pas l'obliger, lui parla de saint Antoine et lui prêta le petit livre des *Grandes Gloires* ; ce fut une révélation. Le lendemain il commençait une neuvaine.

Quatre jours après, une personne à laquelle il

n'avait pas songé venait chez lui pour la première fois, et spontanément lui *offrait* de lui prêter cent, deux cents ou trois cents francs, ce qui serait nécessaire pour le tirer d'embarras.

Il me serait difficile, vous le comprenez, mademoiselle, écrit-il, de vous dire notre joie et notre reconnaissance envers saint Antoine, dont l'intervention était si visible.

Bref, hier 16 septembre, l'envoyé de saint Antoine m'apportait les 300 fr. que je lui avais demandés et, comme j'avais promis au bon saint 5 fr. par 100 fr. que je trouverais à emprunter, c'est avec joie que je vous envoie 15 fr., en vous priant de remercier saint Antoine avec nous et de signaler le fait aux incrédules, si vous le jugez utile pour la gloire de Dieu et de saint Antoine.

E. R.

*
* *

Terminons ce chapitre par deux traits qui montreront saint Antoine intervenant pour permettre à deux négociants de faire honneur à leurs affaires.

La campagne des vers à soie n'a pas été très fructueuse cette année dans le département du Var. Un éleveur de Lorgues, voyant que les cocons ne se vendaient guère, eut l'idée de faire de la graine, espérant en tirer meilleur parti. Mais, comme un fait exprès, le prix de la graine baisse également dans des proportions notables. Nul moyen de vendre au cours du jour, sans subir d'énormes pertes. Il avait cependant des engagements auxquels il fallait faire face. Il ne connaissait pas saint Antoine, ou du moins ne songeait guère à l'invoquer, dans ce moment difficile. Recourir à saint Antoine pour avoir de l'argent ! On l'eût fait rire,

Il avait une sœur habitant une petite localité voisine ; il va la trouver et lui demande de lui prêter une somme assez ronde. La sœur n'eût pas demandé mieux, mais la somme dont elle pouvait disposer à ce moment-là était notablement insuffisante. Par bonheur, elle connaissait le bon saint et son inépuisable générosité. Ce fut tout un de l'invoquer dans cette difficulté pressante, et de lui promettre du pain, s'il venait en aide à son frère.

C'était un samedi. Le lendemain, en rentrant chez lui, M. X... trouve une dépêche de Draguignan lui portant une offre fort acceptable pour une certaine quantité de graines. Le lundi, une lettre de Vidauban lui retenait, à un prix très rémunérateur, tout ce qui pouvait lui en rester.

Il était sauvé, grâce à saint Antoine.

*
* *

Ce fut l'histoire d'un viticulteur des environs de Toulon.

Il était fort embarrassé de sa récolte qu'il avait tout entière dans ses celliers, n'ayant pu réussir à la vendre à un prix convenable.

Un jour enfin, décidé à un sacrifice, il part pour Toulon. Comme il connaissait saint Antoine de réputation, il lui promet 50 francs pour ses orphelins, s'il peut, dans la journée, conclure quelque affaire.

Or, voilà qu'au moment où il franchissait la porte d'Italie, un négociant l'aborde et, sans autre préambule, lui dit :

— Ah ! vous voilà, monsieur X... ; et votre vin ? En avez-vous encore ?

— Oui, répond-il, et même en assez grande quantité.

— La quantité ne fait rien, reprend l'autre. Si vous me le cédez à tel prix, je prends tout.

Il dit un prix bien supérieur à celui auquel, pour en finir, notre viticulteur était disposé à le céder.

Affaire conclue !

Une heure après, notre homme reconnaissant venait dans l'oratoire apporter ses 50 francs.

— Mais, monsieur, lui dit l'intendante, attendez au moins d'avoir votre argent pour acquitter votre promesse.

— Pas du tout; saint Antoine n'a mis aucun retard à me secourir, je n'en veux pas mettre davantage à lui rendre grâces. D'ailleurs mon vin est vendu, l'affaire est faite, et je suis bien content... allez !

XIV

LES PETITES INDUSTRIES DE SAINT ANTOINE

Nous en avons assez dit pour prouver que saint Antoine est actuellement le saint du Paradis le plus invoqué. Il faut bien qu'il en soit ainsi pour qu'un journal protestant, le *Signal*, n'ait pu se tenir d'informer ses lecteurs des grâces qu'on obtenait par saint Antoine. Qui se serait attendu à celle-là ?

Il n'est rien, en effet, qu'on ne lui demande, et il a réponse à tout. Il guérit, console, convertit, apaise les âmes, réconcilie les cœurs, arrête les persécutions, abaisse les obstacles, arrange les affaires embrouillées, fait rentrer les créances véreuses, opère d'invraisemblables restitutions, procure des emplois lucratifs, inspire et détermine des vocations, obtient des avancements inespérés, assure le succès dans les examens, etc., etc., et, parfois, c'est ce que nous allons montrer, s'amuse, dirait-on, à trancher de façon piquante les petites difficultés qu'on lui confie.

On va voir quelques traits charmants de l'ingéniosité avec laquelle il résout les problèmes qui lui sont proposés.

*
* *

Les bonnes sœurs de Saint-Joseph du Bon Pasteur de Volvic (Puy-de-Dôme) soupiraient depuis longtemps, très longtemps même, après l'achèvement de leur petite chapelle.

La renommée de saint Antoine de Padoue étant arrivée jusqu'à elles, dans le courant du mois de juin 1894, elles s'avisèrent d'un expédient dont elles firent part à mademoiselle Bouffier. Elles mettaient leur construction sous la protection de saint Antoine, promettant une livre de pain pour chaque pièce de 10 francs qui leur serait envoyée.

L'intendante les encouragea dans cette pensée et voulut leur envoyer les premiers dix francs. Il faut croire que saint Antoine approuva fort cette combinaison que nous signalons volontiers à l'attention de beaucoup de curés fort empêchés souvent de couronner leurs édifices, car quelques mois après les bonnes sœurs achevaient le leur.

Voici la lettre par laquelle elles en informaient l'arrière-boutique :

Volvic, 11 septembre 1894.

Mademoiselle,

La chapelle recommandée au bon saint Antoine au *commencement de juin* et attendue *depuis 19 ans* a été consacrée samedi dernier. Vous dire notre joie, notre reconnaissance, est tout à fait impossible, mais vous les comprendrez et vous nous aiderez dans notre action de grâces. Il nous manque beaucoup, beaucoup de choses, entre autres des ornements, des bancs, du linge, mais je suis si convaincue que notre grand protecteur nous enverra l'argent nécessaire pour le plus urgent que je n'hésite pas à vous envoyer de suite 50 francs dus aux pauvres de Toulon. Au commencement de juin, je fis une promesse de donner une livre de pain pour tous les dix francs que saint Antoine m'enverrait; c'est donc une dette que j'acquitte avec le plus grand bonheur, etc.

Sœur Marie PHILOMÈNE,
Supérieure.

P.-S. — Une belle statue de saint Antoine sera placée dans notre chapelle dans une quinzaine de jours. C'est justice.

*
* *

La veille de Noël, une dame de Toulon, à la tête d'un grand établissement, apportait à mademoiselle Bouffler une somme de 50 francs et racontait le trait suivant.

Elle employait chez elle une femme abandonnée par son mari, qui s'en était allé vivre à Paris, lui laissant un enfant à élever.

Avertie, par une dépêche, que son mari était gravement malade, elle était partie sans tarder; mais son mari était mort quand elle arriva à Paris.

Elle avait su qu'en exerçant nous ne savons quel métier, il avait gagné une petite fortune, quatre-vingt mille francs, disait-on. Elle fit à son domicile des recherches qui ne donnèrent aucun résultat. Elle ne trouva rien, ni argent, ni titres. Cela l'étonnait. Elle en était fort chagrine, surtout à cause de son enfant.

La pensée de saint Antoine lui traversa tout à coup l'esprit. Il n'y a rien à cela d'étonnant, puisqu'elle habitait Toulon. Elle promet au saint 50 francs. Poursuivant ses investigations, elle se met, presque machinalement, à fureter dans la corbeille de vieux papiers froissés, placée à l'angle du bureau de son mari. Au milieu de fragments divers, de lambeaux de journaux et d'enveloppes déchirées, elle aperçoit une feuille remplie de chiffres et d'abréviations.

Quelque chose lui dit qu'elle tient la clef du mystère.

Elle court montrer sa trouvaille dans laquelle un homme du métier n'a aucune peine à reconnaître une liste de titres au porteur: tout le détail de la fortune du défunt. Il ne restait plus qu'à trouver les titres eux-mêmes.

C'est ce qui fut très simple.

A l'aide du document, on se hâta de mettre opposition dans les bureaux de banque et chez les agents de change sur toutes les valeurs, dont ce méchant chiffon indiquait les numéros, et, dans la journée, les filous se faisaient bêtement pincer au moment où ils venaient tenter de les négocier.

Ils avaient compté sans saint Antoine.

*
* *

Un employé de l'arsenal de Toulon, se rendant à sa besogne, constatait un matin, avec une vive émotion, qu'il n'avait pas sur lui la *carte de passe* délivrée par l'autorité maritime. Il retourne à son domicile, fouille ses vêtements et ses meubles, mais sans succès.

Son chef, avisé de sa mésaventure, le prévient qu'il s'est mis dans un mauvais cas. Une carte perdue, c'est tout une affaire : il va falloir faire une enquête aux diverses portes de l'arsenal. Et qui sait en quelles mains elle peut être tombée ! Vous risquez, mon ami, d'être sévèrement puni. Avant donc que je fasse mon rapport, je vous engage à faire de nouvelles recherches.

La veille, l'employé avait fait une partie de mer. La carte était peut-être au fond de l'eau.

Un de ses collègues voit son ennui, et voulant y compatir, lui suggère de recourir à saint Antoine. L'autre croit qu'on le raille et prend fort mal la plaisanterie.

Son camarade insiste : Allons, lui dit-il, vous n'êtes pas plus malin qu'un autre. Dites donc un *pater* et promettez à saint Antoine du pain pour les pauvres. De plus incrédules que vous s'en sont bien trouvés.

Il se laisse, ma foi, persuader, et, sans en avoir l'air, dit sa prière, et fait sa promesse.

Le lendemain, à huit heures, à la porte de l'arsenal, un de ses camarades de bureau lui apportait la carte retrouvée.

Ce dernier s'était trouvé à la partie de pêche dont nous venons de parler. En attendant l'heure du départ du vapeur de Saint-Mandrier, l'idée lui vint, inopinément, d'aller, par acquit de conscience, regarder dans le bateau qui leur avait servi l'avant-veille. Il n'aperçut d'abord rien, mais en soulevant le petit pont qui recouvre le fond de la barque, il vit la carte qui surnageait sur un peu d'eau de mer.

Il ne faudrait pas, paraît-il, venir dire à celui-là que saint Antoine est pour quelque chose dans cette affaire. Il prétend n'en céder l'honneur à personne. Mais son ami tiré, contre toute attente, d'un embarras des plus sérieux, en sut attribuer le mérite à qui de droit.

*
* *

Sans compter que, souvent, le saint fait ses coups à l'insu de ceux qu'il oblige.

Dans le courant du mois d'octobre une dame. dont le mari est à la tête d'une des plus importantes maison de commerce de Toulon venait raconter ce qui suit :

« Mon mari, mademoiselle, était associé avec M. X... La vie commune étant devenue impossible, on décida de se séparer et de vendre le fonds de commerce. L'associé de mon mari, très furieux, très irrité, déclara qu'il pousserait la vente jusqu'à cent mille francs et plus, s'il le fallait, pour empêcher mon mari de devenir acquéreur. A ce prix-là, il nous fallait y renoncer et c'était pour nous un désastre.

« Aucune détente ne s'était produite, lorsqu'on se rendit chez le notaire pour débattre les conditions. J'étais fort inquiète sur l'issue de l'entrevue. Quelques instants après mon mari, que je venais de quitter très soucieux, accourait la joie dans les yeux et me disait : C'est fini, le commerce nous reste ; c'est quatre-vingt mille francs. De furieux qu'il était, M. X... est subitement devenu très calme, très conciliant. Il n'a fait aucune objection aux propositions du notaire. J'en suis stupéfait, je n'y comprends rien.

« — Moi, je comprends tout, lui dis-je, et j'avouai alors à mon mari que j'avais promis cinquante francs à saint Antoine, si l'affaire s'arrangeait, au gré de nos vœux.

« — Eh bien, me dit mon mari, cours vite t'acquitter envers saint Antoine, car il a fait pour nous un miracle ; je ne trouve pas d'autre mot. »

*
* *

Le fait suivant doit se raconter en trois scènes,

comme une saynète. Tout y est : l'exposition, le nœud et la péripétie.

SCÈNE PREMIÈRE

La boutique de saint Antoine. Quelques clients se font auner de la toile, d'autres marchandent différents articles de lingerie. Au fond, dans la pénombre, on aperçoit plusieurs personnes pieusement agenouillées et priant dévotement le saint : deux dames, un vieillard, une femme du peuple, un jeune soldat...

Entre un jeune homme, une serviette bourrée d'échantillons sous le bras.

— Mademoiselle, dit-il, je suis commis voyageur. Mais je ne viens pas vous proposer mes articles. J'ai déjà plusieurs fois visité votre place, sans grand résultat, il est vrai, jusqu'ici. On m'a parlé de votre saint, cela m'a donné l'idée de venir le voir. Voulez-vous me permettre de lui dire un mot, et de lui faire une promesse, pour qu'il daigne s'intéresser à mon affaire ?

— Bien volontiers, monsieur, entrez donc. Vous ne seriez pas le premier voyageur dont il aurait exaucé la prière. Il est si bon et si généreux, notre saint. Il nous accorde tout ce que nous lui demandons.

Le jeune homme pénètre dans l'arrière-boutique. Il en ressort au bout d'un instant.

— Mademoiselle, dit-il, je vous remercie de votre bon accueil. Si vous me le permettez je reviendrai vous dire, ce soir, ce que saint Antoine aura bien voulu faire pour moi.

— Mais, monsieur, comment donc, j'y compte. Nous vous attendons, ayez confiance.

SCÈNE DEUXIÈME

Le magasin d'un des commerçants les plus importants et les mieux achalandés de Toulon. Notre jeune voyageur, avant d'en franchir le seuil, semble se consulter et monologue sur le trottoir.

— Ce n'est pas la première fois que je viens frapper à cette porte. Mais jusqu'à présent on n'a même pas voulu m'entendre. C'est un de nos confrères qui a la clientèle, de longue date, et de plus on est, paraît-il, très content de son représentant. On me l'a dit à mon dernier passage. Je peux bien tout de même faire une dernière tentative. Si l'on me repousse, nous verrons bien. Entrons!

Il entre, se présente; on l'annonce au patron qui le fait introduire dans son bureau et, l'accueillant avec bienveillance:

— Ah! c'est vous, monsieur, qui représentez la maison X...? Asseyez-vous; je suis bien aise de vous voir : vous arrivez fort à propos. Je viens justement de me fâcher, il n'y a qu'un instant, avec le voyageur de votre concurrent...

Quelques instants après notre voyageur courait au télégraphe annoncer à ses patrons la nouvelle d'une commande très importante que venait de lui confier ce client impromptu.

La scène troisième se devine; c'est le retour du voyageur à l'arrière-boutique. Il n'attendit pas le soir, en effet, pour venir rendre grâces à saint Antoine et acquitter généreusement sa promesse.

*
* *

Une maîtresse d'hôtel, ennuyée quand il lui arrive des clients, c'est ce qui peut paraître invraisemblable. Tel était cependant le cas de madame X..., une cliente de l'oratoire qui tient un hôtel à Aix-les-Bains, et à laquelle deux voyageurs, habitués de la maison, arrivés par le même train, réclamaient tous les deux la chambre qu'ils avaient, chaque année, l'habitude d'occuper, et n'en voulaient pas d'autre.

Ces deux clients, soit d'une part un monsieur, de l'autre une dame accompagnée de sa fille, signifiaient nettement qu'ils s'en iraient plutôt, si on ne leur donnait pas cette chambre admirablement située, et c'était justement la même.

Comment faire? L'embarras de la maîtresse d'hôtel était extrême, car elle avait le grand désir de ne désobliger aucun de ces deux clients.

Elle obtient, non sans difficulté, qu'on prenne au moins la peine de visiter les autres chambres disponibles, à défaut de celle qu'on se dispute. On s'y résigne, mais sans laisser espérer qu'on puisse s'en contenter.

Pendant qu'on procède à cette visite, la sœur de la maîtresse de la maison suggère l'idée de confier à saint Antoine le soin de résoudre ce problème ardu. Vite une petite promesse de pain.

Quelques minutes s'écoulent, et voici qu'une voix descend de l'étage supérieur. C'est la dame en quête d'un logement à son gré, qui demande qu'on excuse sa vivacité. Elle ajoute qu'elle se contentera de la chambre qu'on vient de lui montrer ; à la condition, toutefois, qu'on rabattra un franc par jour sur le prix convenu.

On acquiesce à cette exigence, heureux d'en être quitte à si bon marché.

A ce moment la porte du bureau s'ouvre brusquement : c'est le monsieur, l'autre voyageur, qui revient de sa tournée dans l'hôtel, absolument déterminé à n'en pas démordre, et à s'en aller, s'il n'a pas la chambre convoitée.

— Madame, dit-il, d'un ton qui n'admet pas de réplique, il me faut cette chambre et aucune autre. Je suis prêt, s'il le faut, à payer *un franc de plus* par jour pour l'avoir.

— C'est très bien, monsieur, lui répond-on gracieusement. Dans ces conditions, c'est affaire conclue, vous pouvez en prendre possession.

Ce qu'il était content, le monsieur ! Et la maîtresse d'hôtel donc !

*
* *

Le tour joué par saint Antoine à un petit soldat est peut-être encore plus réussi.

C'était pour les fêtes de Noël de 1893. Le

soldat X... se réjouissait d'avance d'aller les passer avec sa mère. Il comptait sur un congé. La bonne femme, pour être plus sûre de n'être pas déçue dans son attente, avait fait une promesse à saint Antoine.

Or, justement son fils fut désigné pour être de garde. Fort attristé du contre-temps, il écrit à sa mère : *Je ne pars pas.*

Dans la nuit, le cœur assez gros des tristes fêtes de Noël que, pour la première fois, il passerait loin des siens, le petit soldat était de faction à la porte d'un fort des environs de Toulon. Tout à coup, dans l'ombre, une silhouette apparaît. Il crie « Qui vive ! » Pas de réponse. Il réitère son appel. Silence. Et l'inconnu, d'un pas hésitant, avance sur lui. « Qui vive ! » Rien. Le soldat tire, le passant tombe. Le poste accourt, et l'on ramasse, sans une égratignure, un troupier qui regagnait son casernement, le pas alourdi par de trop copieuses libations. La balle du petit soldat n'avait traversé que son képi.

Le lendemain, au rapport, le capitaine fait appeler la sentinelle, la félicite d'avoir si bien observé la consigne, et lui dit, en manière de péroraison : « Que diriez-vous d'aller passer la Noël chez vous ? Allez, rompez, vous avez la permission ! »

Et le petit soldat de télégraphier à sa mère : *Je pars!*

*
* *

Terminons par une dernière malice de saint Antoine. On va voir comme il sait s'y prendre pour mystifier les incrédules.

Vers le milieu du mois de mai 1894, dans un vagon de train express, une dame se trouvait en compagnie de plusieurs voyageurs. Il y avait quatre heures que l'on roulait quand, à la clarté vacillante de la lampe du compartiment, car la nuit était venue, cette dame, apercevant le ticket que quelques-uns de ses compagnons portaient ostensiblement fixé dans le galon de leur chapeau, eut l'idée de vérifier ce qu'était devenu le sien. Elle cherche dans son sac de voyage, dans son porte-monnaie, fouille ses poches : peine inutile. Le trajet à accomplir était long. La perspective d'avoir à débourser une seconde fois le prix du voyage commençait à l'inquiéter sérieusement.

Autour d'elle on remarque son agitation. Elle en dit la cause. Obligeamment on se met en quête, on sonde tous les recoins du compartiment, mais le billet reste introuvable.

Alors, la dame, une bonne chrétienne, dans un mouvement de foi spontané, dit à haute voix : « Je vais faire une prière à saint Antoine de Padoue, il me fera retrouver mon billet. »

Nous laissons à penser l'explosion d'hilarité que provoque cette exclamation ingénue.

Avec cette urbanité qui caractérise le commun des libres-penseurs, quelques plaisants en prennent texte pour dauber la dévote et le saint aux miracles. « C'est ça, lui dit-on, priez saint Antoine, il vous fera passer votre billet par la portière. »

La bonne dame, très mortifiée de ces lazzis, honteuse peut-être d'avoir compromis le crédit du saint devant ces railleurs, pour un cas si difficile, prend le parti de se taire et de prier dans son coin.

On s'arrête quelques minutes à une station, puis le train repart à toute vapeur.

En cours de route, une casquette galonnée apparaît à la portière. C'est le contrôleur qui, suivant l'usage, vient vérifier les billets.

A sa vue, la dame de se troubler de plus belle, tandis que ses compagnons, mis en gaîté par son embarras, de rééditer leurs plaisanteries de mauvais goût. Avec plus d'empressement que de conviction, la voyageuse feint de chercher son billet, et tous de dire : « Oh ! c'est fort inutile, madame, vous n'avez pas votre billet, vous le savez bien ; vous l'avez perdu. »

Sur ces mots, qu'il saisit au milieu des éclats de rire, le contrôleur intervient : « Vous avez perdu votre billet, madame, dit-il. Pour quelle destination, s'il vous plaît ?

La dame lui nomme la ville.

« C'est bien, madame, rassurez-vous, ajoute le contrôleur ; votre billet a été trouvé sur le quai de la gare. On vient de le télégraphier à la dernière station. » Et lui donnant une feuille de contrôle : « Voici qui vous en tiendra lieu. »

La dame, d'abord stupéfaite, remercie avec effusion le contrôleur. Les compagnons de voyage, abasourdis par ce coup de théâtre, riaient beaucoup moins. L'obligée de saint Antoine se donna même la satisfaction de leur voir baisser le nez d'un air passablement penaud. Se tournant vers eux, elle leur dit avec un sourire ironique : « Eh bien, messieurs, vous avez dit vrai, saint Antoine me l'a envoyé par la portière. »

XV

DONNANT, DONNANT

Une particularité de notre saint que nous n'aurions garde d'omettre, c'est qu'il n'aime pas les mauvais payeurs. Il est ponctuel dans les faveurs qu'il accorde, mais il exige, en retour, qu'on le soit envers ses pauvres.

Mademoiselle Bouffier a souvent rappelé devant nous le trait de cette dame de Toulon qui avait promis 100 kilos de pain pour obtenir une grâce spéciale en faveur d'une personne qu'elle chérissait beaucoup. La grâce fut accordée et la dame vint l'annoncer à l'arrière-boutique, avec de grandes démonstrations de joie. Cependant la dette de reconnaissance ne fut pas acquittée tout de suite. Deux mois se passèrent, on redoutait un châtiment. Un matin, on vint annoncer à l'arrière-boutique que la personne pour laquelle on avait tant fait prier venait de mourir subitement.

*
* *

Le fait suivant, pour être moins tragique, n'en est pas moins significatif.

Après quelques emplettes dans divers magasins de Toulon, une dame, pressée par l'heure du bateau de la Seyne, partait précipitamment, en oubliant son parapluie.

A peine avait-elle mis le pied sur le bateau, que la pluie tombant en bourrasque l'avertit de son oubli. Elle eut un vif mouvement de contrariété, car elle tenait beaucoup à ce parapluie, et croyait bien l'avoir perdu. Sur-le-champ elle promet 5 francs à saint Antoine, s'il le lui fait retrouver.

Or voilà que, presque aussitôt, un jeune commis de magasin accourt sur le bateau et demande aux personnes présentes si aucune d'elles n'a oublié son parapluie.

C'était le sien, aperçu peu d'instants après qu'elle eut quitté le magasin et qu'on espérait lui faire remettre avant le départ du bateau. On devine sa joie sur le premier moment. Mais, à la réflexion, une pensée malencontreuse lui fit dire à l'amie qui l'accompagnait :

— Ma foi, puisqu'il était déjà retrouvé quand j'ai fait ma promesse, je ne dois rien à saint Antoine.

A peine achevait-elle sa phrase que, dans un brusque mouvement, son parapluie lui échappe et tombe à la mer. On le vit surnager quelques secondes, puis s'enfoncer et disparaître.

*
* *

C'est qu'on ne doit pas subtiliser avec saint Antoine; il faut jouer avec lui franc jeu. Les bonnes sœurs du Bon-Pasteur qui dirigent l'orphelinat de Garéoult (Var) l'apprirent à leurs dépens.

Les jeunes filles de cet orphelinat reçoivent leur part de pain blanc de saint Antoine, c'est dire assez que la dévotion du saint y est en grand honneur. On ne manque guère de l'associer à tout ce qui peut intéresser la maison. A l'automne dernier, une vingtaine d'orphelines environ furent engagées pour la vendange. Le grand souci des bonnes sœurs était qu'il fît beau pendant tout le temps que devait durer la cueillette du raisin. La Mère Supérieure promit à saint Antoine un sou par enfant et par jour, si tout se passait sans pluie et sans accident.

Le premier jour des vendanges, comme on ne se mit guère en besogne que vers les dix heures du matin, et qu'il faisait, d'ailleurs, un temps magnifique, la bonne sœur, à juste titre économe des modestes ressources de la communauté, dit en aparté : « Pour aujourd'hui, saint Antoine, ça ne compte pas. C'est à partir de demain seulement que ma promesse tiendra ».

Mais, dans l'après-midi, pendant que la vendange bat son plein, et que l'on charge les corbeilles, voilà qu'un petit nuage sournois vient subitement troubler l'azur du ciel.

— Qu'est-ce, demande la Mère Supérieure avec inquiétude, à un vigneron fort affairé, allons-nous avoir de la pluie ?

— De la pluie, répond l'autre, vous plaisantez, ma sœur, avec ce ciel-là ? Il n'y a pas de risque.

— Mais ce nuage ?

— Bah ! le vent va le dissiper en un rien de temps.

Il se trompait un peu dans son pronostic, le bonhomme. Voilà ce coquin de nuage qui s'étend, au contraire, à vue d'œil. Quelques instants après, un orage éclatait, un déluge, et nos vendangeuses se hâtaient de regagner le logis trempées jusqu'aux os.

Ce qu'elle se repentit, la Mère Supérieure, d'avoir marchandé avec saint Antoine !

Inutile d'ajouter que le lendemain et les jours suivants, le baromètre se maintint au beau fixe, et tant que durèrent les vendanges, il en fut de même.

*
* *

C'est donc une opinion parfaitement établie, parmi les clients de saint Antoine, qu'il ne supporte pas qu'on se mette en retard envers lui.

Un pharmacien d'une petite ville de la Savoie écrivait le 12 juin 1894 :

Je vous ai dit, dans ma première lettre, la promptitude avec laquelle notre bon saint m'avait exaucé.

J'avais été moins exact à remplir ma promesse, certains petits détails restant à régler. Ce n'était pas tout à fait ce que j'avais promis... et les choses traînaient en longueur, lorsque je lus que certaines personnes étaient parfois punies de leur manque de confiance, ou du retard apporté dans l'accomplissement de leur promesse. Je me hâtai de vous faire parvenir mon offrande afin d'éviter une déception. Depuis, tout s'est arrangé. C'est pourquoi je suis, comme vous, convaincu que si notre saint est tant empressé à exaucer les prières qu'on lui adresse, il veut aussi qu'on ne mette aucun retard à tenir ses engagements.

*
* *

Mais, dans ce genre, rien n'est plus frappant que le trait que nous allons rapporter. Il remonte aux premières origines de l'œuvre, quand le renom de l'arrière-boutique n'avait pas encore franchi les murs de Toulon.

Il s'agit d'une brave femme, habitant un des faubourgs de Toulon, maraîchère de son état, dont l'existence était empoisonnée par une de ces croix si fréquentes, hélas ! dans certaines classes de la société. Son mari se livrait à la boisson. Il y avait des années et des années qu'elle priait et gémissait, se recommandant à tous les saints du Paradis. Mais, cela durait depuis si longtemps !

Il semblait bien que la guérison était impossible... à moins d'un miracle.

Eh bien, le miracle se fit. Amenée tous les jours que Dieu fait, par son commerce, sur le cours Lafayette, notre maraîchère ne pouvait manquer d'entendre parler de saint Antoine et des prodiges qu'il opérait. Dans son chagrin, l'idée ne fut pas longue à lui venir de remettre entre ses mains une cause si manifestement désespérée, et elle lui promit, s'il guérissait son mari de son triste défaut, une livre de pain par jour, sa vie durant.

Or, voilà que peu de temps après, le buveur invétéré, insensiblement, oublie le chemin du cabaret, il cesse de boire, et prend même en dégoût l'alcool.

C'est une cure dont s'émerveillent ceux qui le connaissent et qui n'en peuvent croire leurs yeux.

Chaque matin, en arrivant sur le marché, le premier soin de notre maraîchère était d'aller prier saint Antoine dans son oratoire et de lui payer sa dette.

Mais de nouvelles inquiétudes viennent bientôt l'assaillir. Elle constate, avec stupeur, que la sobriété de son mari est intermittente. Dans la semaine, aucun écart, c'est l'homme rangé par excellence. Mais le dimanche, régulièrement, le démon de l'alcool le ressaisit.

« Ce sont les mauvais amis, pense sa femme. Il est faible, il n'aura pas su résister. Il faudra du temps, pour que la guérison soit complète. Saint Antoine, laisserez-vous votre œuvre inachevée ? »

Plusieurs dimanches se suivent, et la fermeté du nouveau converti qui, six jours durant, demeurait inébranlable devant le zinc des buvettes du quartier, fléchissait le septième jour; il retombait dans son vieux péché.

C'était à n'y rien comprendre.

Un lundi matin, en payant sa dette à saint Antoine, l'épouse affligée confessait sa désolation à mademoiselle Bouffier. « Comment, disait-elle, expliquer ces rechutes hebdomadaires ! »

Subitement, une des compagnes de l'intendante se prit à lui dire :

— Mais, payez-vous le dimanche votre livre de pain ?

— Ma livre de pain ! le dimanche ! dit la maraîchère à laquelle cette question venait, en quelque sorte, d'ouvrir les yeux. Mais non, je ne la donne pas, le dimanche, vous le savez bien, votre magasin est fermé.

— Eh bien ! mais il est inutile que vous cherchiez d'autres raisons. Donnez deux livres de pain le lundi au lieu d'une, et vous verrez que vous n'aurez plus à vous plaindre de saint Antoine.

C'est ce qui fut fait. Et depuis lors elle put chanter, sans restriction, les louanges du saint, la sobriété de son mari n'eut plus de lacunes. Nous le connaissons et nous pouvons en témoigner. Le dimanche ne lui fut pas plus néfaste que les autres jours de la semaine. Elle apprit ainsi qu'avec saint Antoine il ne faut pas s'oublier, car il ne fait pas de crédit à ses clients. Avec lui c'est « donnant donnant ».

XVI

CEUX QUI MANGENT LE PAIN DE SAINT ANTOINE

C'est une chose digne d'être notée que la confiance des obligés de saint Antoine. Dans le nombre, toujours croissant, des inconnus qui, journellement, déposent dans le petit tronc leurs offrandes anonymes, de même que parmi les correspondants de tous les points du globe qui recourent à la poste pour envoyer leurs aumônes, souvent sans même prendre la précaution de recommander leurs lettres, il ne vient jamais à la pensée de personne de s'informer de ce que deviennent les fonds et de l'usage qui en est fait.

Une dame qui visitait un jour l'arrière-boutique, moins en suppliante qu'en curieuse, et qui, dans une bonne intention évidemment, semblait se préoccuper beaucoup de l'énorme tracas que devait causer la distribution de ces ressources, demandait à mademoiselle Bouffier :

— Mais combien êtes-vous, mademoiselle, pour répartir ces fonds ?

— Oh ! madame, reprit l'intendante, on n'a besoin de personne pour distribuer de l'argent.

Et, avec cette gaîté franche et communicative que rien n'est capable d'altérer, elle nous peignait le saisissement de la dame à cette riposte, et elle ajoutait en riant : « Je crois que ça donne du toupet d'être riche ! »

C'est qu'elle est riche, très riche même, d'après la légende, celle qui le 24 septembre 1893, dans une lettre au R. P. Marie-Antoine insérée dans les *Grandes Gloires*, écrivait : « Je dois gagner mon pain de chaque jour, et je vous le dis à l'oreille, je n'ai pas mis cent francs de côté pour ma vieillesse ». Cette intendante invraisemblable qui s'appauvrit en administrant les biens qui lui sont confiés, a néanmoins la réputation d'une capitaliste. Fort souvent, en parlant d'elle, les ouvriers de l'arsenal se disent entre eux : Tu sais bien, cette demoiselle de la rue Lafayette, qui est si riche et qui fait tant de bien !...

Et elle de rire...

De cette richesse d'emprunt, dans tous les cas, on ne peut pas dire qu'elle fait un mauvais usage, car tout se passe au grand jour. Ceux qui mangent le pain du saint, on les connaît, Dieu merci.

Dans l'article, plus stupide encore que malveillant qu'il consacrait, le 18 juin 1891, aux premières manifestations publiques de l'Œuvre du Pain, le journal maçonnique de Toulon rendait, du moins, un hommage sans restriction, et qui n'était pas suspect, à l'honorabilité de l'humble femme qu'il accusait « *d'entretenir la superstition* ».

« Elle a déjà reçu, disait le journal, plus de 1,000 kilos de pain qu'elle a, d'ailleurs, *scrupuleusement* distribués aux pauvres de la ville. »

Scrupuleusement, je le crois bien ! Ce qu'il disait des 1,000 kilos du mois de juin 1891, le journal sectaire le pourrait écrire, avec autant d'exactitude, des 320,000 kilos et plus distribués au cours de l'année 1894, si, devant les progrès foudroyants de cette « superstition nouvelle », le journaliste franc-maçon n'en avait, de stupeur, perdu la parole, et ne s'était résigné à ne plus s'occuper de saint Antoine.

C'est donc aux pauvres que vont ces aumônes ; mais on aurait tort de croire que le pain soit donné à tout venant au seuil de l'arrière-boutique.

On sait trop que ce ne sont pas ceux qui, au coin des rues, étalent les guenilles les plus lamentables et poursuivent les passants de leurs gémissements les plus aigus qui méritent le plus d'intérêt. Aucun mendiant, sans doute, n'est rebuté à l'arrière-boutique, mais l'intendante pense avec raison qu'il y a une manière plus judicieuse d'utiliser les subsides de la Providence que d'en faire bénéficier exclusivement ces miséreux dont les pleurnicheries ne cachent que trop souvent une indécente exploitation de la charité.

Sans avoir lu les études si curieuses et si navrantes à la fois de ces publicistes méfiants qui se sont appliqués à dévoiler les procédés à l'aide desquels les professionnels de la mendicité abusent de la crédulité et de la bonté d'âme des gens charitables, mademoiselle Bouffier, du premier coup, trouva le meilleur moyen de secourir les vraies misères.

Nous avons dit que c'est aux vieillards des Petites Sœurs des Pauvres de Toulon, ou pour mieux dire aux seuls infirmes de la maison, que furent destinées les toutes premières recettes de l'arrière-boutique. Tous les matins on remplissait un sac plus ou moins gros de pain blanc que les Petites Sœurs envoyaient chercher. Ce furent les prémices de ces innombrables fournées qu'elle a le bonheur de partager maintenant entre tant d'affamés.

Par un sentiment de reconnaissance envers le grand saint, et pour perpétuer, en quelque sorte, sous sa forme primitive, la provende miraculeuse qu'elle leur réservait jadis exclusivement, en plus de la large part qui leur est faite, désormais, sur le budget de saint Antoine, les vieillards des Petites Sœurs, ces victimes de l'âge, de la misère et de la maladie, continuent à recevoir chaque jour un sac de pains spécial, le sac de la fondation, toujours destiné aux infirmes. N'est-ce pas touchant? Je ne sais rien, pour ma part, de délicat comme cette attention.

*
* *

La vieillesse si abandonnée, si méprisée dans notre société redevenue païenne, fut donc la première servie à ce festin de la charité offert, par saint Antoine, à tous les déshérités.

Mais à mesure que les ressources augmentèrent, mademoiselle Bouffier, se voyant providentiellement dans les mains les moyens d'y faire asseoir de nouveaux convives, se procura la liste de tous les asiles, de toutes les communautés pauvres d'orphelins et d'orphelines du diocèse, et prit ses dispositions pour leur faire adresser, à tour de rôle, un nombre plus ou moins considérable de kilos de pain, selon l'importance de la maison.

Disons tout de suite, à ce propos, que contrairement à l'usage des administrations de bienfaisance officielle et même de beaucoup de maisons chrétiennes obligées, il est vrai, de compter, jamais mademoiselle Bouffier n'a voulu imposer à ses fournisseurs le moindre rabais sur le prix du pain, malgré les énormes quantités qu'elle en distribue. Elle entend le payer comme tout le monde, au cours du jour. Pour reconnaître cette gracieuseté, les boulangers qu'elle fait travailler, ils sont au nombre de huit ou dix, se font un plaisir, de temps en temps, d'envoyer un sac de pain à saint Antoine. C'est leur manière de faire l'escompte.

*
* *

A une époque où la gêne est devenue presque générale, ce n'est malheureusement pas sur les dépenses de luxe que les familles parfois réputées les plus chrétiennes font toujours porter leurs économies ; c'est, le plus ordinairement, sur le budget de la charité. Sous prétexte que les temps sont difficiles, on donne moins, on ne donne même plus rien du tout à beaucoup d'œuvres qui n'ont cependant pour vivre que ces ressources aléatoires. Qui pourra dire au prix de quels sacrifices arrivent, vaille que vaille, à se soutenir tant de communautés vouées au service des pauvres, dont la secte se flatte de consommer la ruine à l'aide de la plus inique des législations. Quand saint Antoine vint frapper à la porte de ces maisons en détresse, et apporter son pain blanc, c'est la manne qui sembla tomber du ciel !

Il y a tel orphelinat, de nous bien connu, où les pauvres petites filles couchaient dans des draps de lit fabriqués avec des sacs de boulangers. C'était le dénûment dans ce qu'il a de plus poignant. Les héroïques religieuses qui s'épuisaient dans une lutte impossible, après avoir longtemps écarté cette perspective comme une mauvaise pensée, se voyant acculées à la famine, allaient, enfin, la mort dans l'âme, se résigner à licencier ces pauvres enfants, auxquelles

elles ne pouvaient plus procurer le pain quotidien.

— « Je vois encore, nous disait mademoiselle Bouffier, le visage de la bonne supérieure. Il reflétait autant de stupéfaction que de joie, le jour où, ayant reçu ses douloureuses confidences, je lui mis une pièce de vingt francs dans la main, pour parer aux besoins les plus urgents. Les larmes dans les yeux, elle me regardait ; elle regardait ce louis d'or dans sa main amaigrie, et ne pouvait croire que cette fortune lui appartînt. »

Ah ! les orphelins, les tout petits, les abandonnés, nous ne sommes pas surpris qu'ils soient l'objet des prédilections de la privilégiée du bon saint qui porte dans ses bras le petit enfant de Bethléem. C'est un vrai cœur de mère qu'elle a pour eux.

— « Les plus pauvres parmi les pauvres, dit-elle, ce sont les orphelins. Comment ne pas s'attendrir sur ce pauvre petit être dont la mort a dispersé le foyer et qui, dans la faiblesse de son âge, attend le bienfait de la Providence, comme l'oiseau du ciel attend le grain qui doit le nourrir. L'orphelin étant le plus malheureux a le plus besoin de la charité... »

C'est pourquoi, dans tout le diocèse de Fréjus, il n'y a pas, à cette heure, un orphelinat qui ne mange le pain de saint Antoine. Dès qu'il s'en ouvre un nouveau quelque part, comme à Lorgues tout récemment, il fait d'avance, dans ses prévisions budgétaires, entrer en ligne de compte la part qui lui sera faite sur les *revenus* de l'arrière-boutique.

Il n'en n'était pas ainsi jusqu'aux approches de la Noël de l'année dernière. Il y avait, en effet, 150 orphelins des deux sexes qui ne participaient pas encore aux largesses du grand saint. C'étaient ceux de l'hospice civil, desservi, il est vrai, par les Sœurs de la Sagesse, mais qui dépend de la municipalité de Toulon, une des plus socialistes de France.

Ce n'était, certes, pas l'envie qui manquait à mademoiselle Bouffier de leur envoyer leur part de pain blanc ; mais incertaine de l'accueil qui pourrait être fait à son offre, elle n'osait. Enfin, peu de jours avant les fêtes de la Noël, prenant son courage à deux mains, elle écrivit à l'administration des hospices qu'on la rendrait bien heureuse si l'on voulait consentir à recevoir chaque jour 20 kilos de pain pour les orphelins et orphelines de l'hôpital.

Et voyez comme il faut se garder des jugements téméraires. L'événement fit voir que mademoiselle Bouffier avait eu tort de redouter un mauvais accueil. C'est « avec reconnaissance » que sa proposition généreuse fut acceptée par la commission administrative, présidée par le maire socialiste de Toulon, dans une séance dont saint Antoine et ses merveilles eurent les honneurs.

Mieux encore, avant même que mademoiselle Bouffier eût été officiellement avisée de la décision, la feuille maçonnique dont nous avons déjà parlé, se hâtait de porter le fait à la connaissance de ses lecteurs.

Mais du pain, même blanc, même frais, sortant du four, pour les enfants, un jour de Noël, c'est bien sec tout de même.

L'intendante le sentait bien. Elle avait le grand désir d'y ajouter, pour la circonstance, quelques douceurs. Elle se souvenait que le saint voulait qu'à pareil jour, on donnât double ration aux animaux de la ferme pour les associer à la joie commune. Familièrement elle avait dit à son hôte :

« Serez-vous moins secourable pour nos petits orphelins ? Faites donc, grand saint, que je puisse leur envoyer à tous une petite caisse de friandises. »

Et, sans plus attendre, escomptant la générosité de saint Antoine, elle s'était hâtée de mettre à exécution son projet. De belles caisses toutes pleines de « bonnes choses », dattes, figues, gâteaux, mandarines, nougats, etc., sans oublier le café, sans lequel, à son avis, il n'y a pas, pour les enfants, de régal complet, furent donc expédiés à tous les orphelinats.

On peut croire que saint Antoine approuvait cette bonne idée, et qu'elle répondait bien à ses désirs, car le soir même, veille de la Noël, quand on vida le tronc, pour compter la recette de la journée, ce fut une véritable pluie d'or qui s'en échappa. Pas un billet, très peu d'écus et de pièces de monnaie. Mais *onze cents francs* de pièces d'or!

La dépense exceptionnelle de la journée avait été largement couverte par saint Antoine.

*
* *

Mais voici la liste des œuvres, asiles et maisons secourues, dans le diocèse de Fréjus, grâce au pain des pauvres.

Les petites sœurs des pauvres de Toulon et de Draguignan, — les orphelinats de la Seyne, d'Hyères, de la Navarre, de Saint-Cyr, de Cuers, de Draguignan, de l'île de Lérins, qui, quoique comprise dans le département des Alpes-Maritimes, fait partie du diocèse de Fréjus, de Lorgues et de Garéoult ; — la maison de la Providence de Toulon, la maison du Bon-Pasteur, œuvre des Repenties, deux crèches, les enfants assistés des maisons neuves — les orphelins de l'hospice civil; — huit communautés cloîtrées très pauvres; une vingtaine d'œuvres diverses participent aussi à la distribution ; enfin les conférences de Saint-Vincent-de-Paul de Toulon et des faubourgs, et les dames de charité qui visitent les mansardes.

C'est transmise par la main des confrères de Saint-Vincent-de-Paul et des dames de charité assistant les familles à domicile, que l'aumône, si souvent interceptée par de faux indigents, au détriment des vrais pauvres, est assurée de ne pas se tromper d'adresse.

On ne manquera pas d'être frappé du caractère général de l'œuvre du pain, telle qu'elle fonctionne dans la ville qui fut son berceau. Nous avons dit comment mademoiselle Bouffier fut amenée, par degrés, sans plan préconçu, à secourir toutes les œuvres qui ont pour but l'assistance et le soulagement des pauvres sous quelque forme que ce soit. C'est, croyons-nous, ce qui la distingue, jusqu'ici, de tout ce qui a été fondé ailleurs.

C'est avant tout, et souvent même exclusivement dans un but personnel, que l'œuvre du Pain des Pauvres est installée. C'est une paroisse, une communauté religieuse, une œuvre, une école chrétienne qui s'en remettent à saint Antoine du soin de leur procurer des ressources.

Au milieu de cette floraison magnifique qui, loin d'épuiser sa sève féconde, semble fournir à la charité chrétienne l'occasion de produire de nouveaux fruits, l'arrière-boutique de Toulon restera, nous semble-t-il, unique dans son genre, non seulement à cause de l'étrangeté du lieu où saint Antoine tient ses audiences, mais encore du caractère essentiellement désintéressé de celle qu'il a investie de la confiance et de la largeur de vues qui préside à la répartition des aumônes.

C'est ce que remarquait judicieusement *l'Écho de saint François et de saint Antoine de Padoue*, que rédigent avec tant de science et de piété les RR. PP. Capucins du couvent de Toulouse.

A des observations qui leur étaient faites sur ce qu'avait d'insolite cette dévotion dans un pareil lieu, le rédacteur répondait : 1° que l'œuvre de

Toulon avait été visitée par Mgr de Fréjus ; 2° que le moyen extraordinaire est toujours dans l'Église une exception ; 3° enfin que le succès de l'œuvre et la faveur du public, prêtres et fidèles, suffisent à montrer que saint Antoine a voulu cette exception et que le doigt de Dieu est là.

On ne saurait mieux dire.

L'œuvre du Pain des Pauvres de Toulon est une exception.

*
* *

On vient de voir que parmi les œuvres assistées figurent huit communautés cloîtrées.

Qui s'étonnerait qu'à une époque où les catholiques laissent végéter des œuvres dont les services, au point de vue « humanitaire », sont notoires, nos religieuses contemplatives ne soient pas exposées à pâtir des conséquences naturelles de l'affaiblissement de la foi : l'indifférence et l'égoïsme ?

Pour justifier le faible secours que mademoiselle Bouffier alloue à ces pauvres de Jésus-Christ, s'il avait besoin de l'être, ne nous suffira-t-il pas de dire que dans telle communauté cloîtrée du Var que nous pourrions nommer, avant que ne commençât « l'ère de saint Antoine », il arrivait souvent que les pauvres sœurs pouvaient se dispenser, à l'heure habituelle, de se diriger vers le réfectoire : il n'y avait absolument rien à manger. Alors les religieuses, après une fervente prière au chœur, mettaient en branle la cloche du couvent, pour que les bonnes âmes, averties par ce signal d'alarme, vinssent leur apporter un peu de pain.

Dans une autre communauté, au moment où le pain de saint Antoine fut envoyé, les sœurs vivaient, heureuses tout de même, dans leur pauvreté indicible, sur le pied de 20 centimes par personne et par jour.

Qu'ajouterions-nous à ces détails navrants ?

Ah ! ce que nous ajouterons c'est qu'en retour de l'aumône accordée, trois fois par jour, dans ces maisons bénies, derrière ces grilles qui ne retiennent que des recluses volontaires, heureuses de leur indigence et de leur captivité, des voix s'élèvent vers le ciel pour retenir le bras de Dieu, et supplier saint Antoine de protéger ceux qui recourent à lui et de faire pleuvoir sur eux ses faveurs. Et à ces voix angéliques s'unissent celles des vieillards et des orphelins, qui tous rendent grâce au grand thaumaturge du pain qu'il veut bien leur envoyer et lui demandent de le leur conserver.

« Ce qui fait notre œuvre si grande, écrivait mademoiselle Bouffier à une de ses amies, ne l'oublions pas, c'est surtout la prière de nos chers pauvres, trois fois par jour.

» Partout où l'on installera l'œuvre du Pain sans s'assurer la prière du pauvre, l'œuvre produira peu de fruits. »

Cette réflexion, remarque le R. P. Marie-Antoine, a une importance majeure; elle reproduit exactement l'affirmation du prophète : « Le Seigneur exaucera toujours la prière du pauvre et préviendra même ses désirs. »

*
* *

Il ne faudrait donc pas venir à l'oratoire demander des secours pour une œuvre où l'on ne prierait pas. Pour mademoiselle Bouffier ce serait de l'argent perdu, et elle prétend placer celui de saint Antoine à gros intérêts.

Ceci nous amène à raconter un incident qui porte avec lui son enseignement.

Au nombre des institutions qu'elle assiste, il en est une qui a pour but la protection des enfants abandonnés. Elle est dirigée par des philanthropes, mais n'est nullement *laïque*, cependant, dans ses tendances, c'est-à-dire hostile à la religion. Ce qui tendrait à le prouver, c'est que quelques-uns de ses promoteurs sollicitèrent, pour leurs pupilles, une part du pain de saint Antoine.

Certain jour, pourtant, l'intendante faillit se repentir d'avoir acquiescé à leur demande.

Après une visite à l'asile des enfants assistés, le rédacteur d'un journal républicain de Toulon, enchanté de tout ce qu'il avait vu, écrivait ce qui suit dans son journal :

Désireux avant tout de faire le bien (!) et de le bien faire (!!), les dévoués fondateurs de cette œuvre ont voulu se placer sur un terrain neutre tant au point de vue politique qu'au point de vue religieux.... L'instruction religieuse n'est donnée qu'aux enfants qui le demandent, etc.....

Et voyez la malechance! le numéro du journal qui, dans ces termes ingénus, traduisait ainsi ce qu'il croyait être la pensée de derrière la tête des promoteurs de cette œuvre humanitaire, fut apporté à l'arrière-boutique par un membre du comité, tout heureux de montrer, à mademoiselle Bouffier, combien elle avait raison de s'intéresser à l'entreprise d'hommes « désireux avant tout de faire le bien et de le bien faire ».

Elle n'en jugea pas tout à fait de même.

Sous les fleurs de rhétorique du reporter elle discerna tout de suite le serpent que son visiteur sans malice n'avait évidemment pas aperçu. Sans retard, elle écrivit à la direction qu'en raison du système de neutralité réligieuse qu'ils avaient cru devoir adopter et que, pour son compte, elle réprouvait, elle se voyait dans la nécessité de prévenir ces messieurs de ne plus compter à l'avenir sur le pain de saint Antoine.

« Ce pain, ajoutait-elle, est le pain du bon Dieu; c'est le pain de la charité chrétienne, et vous m'excuserez, je n'en doute pas, de vous dire que ma conscience me reprocherait d'en faire bénéficier une œuvre dans laquelle Dieu n'a pas la place qui lui revient de droit, c'est-à-dire la première de toutes. »

Et comme, pourtant, les journaux sont quelquefois mal renseignés! Le reporter, paraît-il, s'était mépris du tout au tout sur le caractère de l'œuvre et sur son esprit. On y faisait le catéchisme, les enfants étaient conduits à la messe. C'est ce que vint affirmer le président, et un respectable ecclésiastique vint corroborer ce témoignage par le sien. Le pain ne fut pas retiré, mais, comme dit l'autre, la remarque n'en subsistait pas moins.

*
* *

Il en eût coûté, nous en sommes sûrs, à l'intendante de priver « du gâteau de saint Antoine » ces pauvres enfants aux yeux desquels elle apparaît comme une manifestation visible de la Providence.

Quand le courrier du saint lui laisse quelque répit, sa joie, le dimanche, est d'aller passer quelques heures dans un orphelinat un peu éloigné de Toulon. Elle n'y vient pas sans se faire précéder par des friandises. Et c'est fête à la maison. De quel cœur n'y prie-t-on pas, les bras en croix, pour tous ceux qui recourent au grand saint, et sa servante, ravie par le spectacle de cette allégresse, et ne sachant à qui entendre, a l'air d'une mère au milieu de ses enfants.

C'est son bonheur de se trouver avec les pauvres, les petits, les déshérités, orphelins et vieillards, ces personnifications de Jésus-Christ. Elle semble, en leur compagnie, se consoler de n'avoir pu, suivant son désir, passer sa vie derrière les grilles d'un cloître, dans la divine intimité du Sauveur.

Nous nous sommes fait une loi, on a pu le voir, d'être très sobres de détails sur l'humble chrétienne qui a été l'instrument de Dieu dans cette œuvre du Pain des Pauvres, et dont la renommée a porté le nom aux quatre coins du monde. Quelques lecteurs trouveront peut-être que nous l'avons été à l'excès. Nous savons, du moins, qui ne nous reprochera pas cette discrétion.

Il est toutefois un détail que nous ne pouvons passer sous silence. Il a été donné dans un des opuscules du R. P. Marie-Antoine. C'est ce qui nous justifiera de le faire connaître d'une manière plus complète.

Un jour, sans se douter, et nous non plus d'ailleurs, que nous pourrions avoir l'occasion de le raconter, voici ce que nous disait mademoiselle Bouffier : Elle avait conçu, dès l'âge de quinze ans, un grand désir d'aller au Carmel ; mais un désir, nous disait-elle, à en mourir. Par malheur la situation de ses parents était alors des plus médiocres, son père était très âgé. Pour subvenir aux besoins des siens, elle s'établit modiste à dix-neuf ans, et, par son travail, fit entrer l'aisance dans la maison. Son désir pourtant ne la quittait pas. Ce lui était un supplice d'avoir à vivre derrière un comptoir. Dans une heure d'angoisse et de découragement, elle dit à Dieu: « Il n'y a qu'une chose qui peut me déterminer à rester dans le monde, c'est de travailler pour les pauvres et de leur consacrer tout le surplus de mon travail. » Et, fidèle à son engagement, tous les soirs, en faisant sa caisse, elle prélevait le *sou par franc* pour les indigents. « Quand la tristesse menaçait de nouveau de m'envahir, ajoutait-elle, je me remontais en pensant à mes pauvres qui seraient privés, si je m'en allais, des secours que la Providence, qui bénissait mon travail, me permettait de leur réserver. Il me semblait alors que j'avais charge d'âmes, et cela me donnait du cœur à l'ouvrage. » A la longue, Dieu permit qu'elle Le trouvât où il voulait qu'elle fût, puisqu'elle ne pouvait pas être où elle aurait désiré Le chercher. C'est sa volonté qui importe après tout et non la nôtre. « Celui-là seul est votre zélé serviteur, dit saint Augustin, qui a moins en vue d'entendre de vous ce qu'il veut, que de vouloir ce qu'il a entendu de vous. » Le cloître ne lui apparut plus que dans le passé, comme un Paradis qui n'avait pas été fait pour elle. Et, certain jour, accomplissant d'avance le sacrifice que Dieu semblait lui demander, elle lui dit : « Quand j'aurai atteint trente-trois ans, si je n'ai pas la joie d'être au Carmel, ce sera fini, je prendrai le deuil. »

Et elle ne l'a plus quitté.

On ne connaît, à Toulon, que dans ce costume sévère, et sous ses voiles de crêpe, cette mère de tant d'orphelins !

XVII

L'ŒUVRE DES ÉCOLES DE SAINT ANTOINE DE PADOUE

C'est à acheter du pain, selon les intentions des donateurs, que sont exclusivement consacrées les recettes quotidiennes du tronc. Il en est de même des fonds envoyés des quatre coins du monde à l'arrière-boutique, quand ils ne sont accompagnés d'aucune désignation spéciale. Il arrive pourtant que certains obligés de saint Antoine expriment le vœu que leur offrande soit appliquée à des messes, à telle ou telle œuvre déterminée, les missions, par exemple, auxquelles il faudra bien que nous consacrions un chapitre, ou les écoles. L'enseignement chrétien c'est du pain aussi, le pain supersubstantiel, le pain de l'âme. Et les affamés de ce pain-là sont plus nombreux et plus à plaindre que ceux auxquels manque uniquement la nourriture matérielle.

L'intendante cherchait le moyen d'utiliser ces ressources providentielles.

Dieu merci, l'œuvre de l'enseignement chrétien est encore une de celles que l'on comprend le mieux à notre époque. Elle n'est pas assurément sans difficultés et sans obstacles. La lutte est pénible contre l'école neutre ou sectaire; mais enfin on lutte, non sans succès, dans les grandes villes surtout, et les hommes d'initiative et de dévouement qui assument la noble mission de maintenir, à tout prix, l'école où l'on prie, en face de l'école où l'on blasphème, trouvent encore les ressources nécessaires pour cette œuvre de salut public. Il existe donc à Toulon un Comité des écoles chrétiennes et ses travaux le désignent à la reconnaissance de tous les honnêtes gens.

L'intendante, cependant, ne songea pas une minute à s'en remettre à lui du soin de distribuer les subsides de saint Antoine; apparemment elle jugea qu'il serait toujours temps d'en venir là, mais que le saint, de cette façon, ne serait pas assez intéressé à l'emploi des fonds.

Grâce au Comité on a des écoles; c'est un grand point. Mais combien de places vides sur les bancs de ces écoles! Avoir des enfants, tel est le but qu'elle se proposa, et, de quelque manière que l'on apprécie le système qu'elle adopta, une chose pour le moment reste certaine et répond à tout : elle obtint des résultats surprenants.

Ce système consiste simplement dans le tirage

mensuel d'une tombola se composant d'un lot de vingt-cinq francs par classe, tombola à laquelle tous les élèves participent, sous certaines conditions déterminées par un petit règlement.

Ce règlement, on le devine, c'est la clef du système.

Au cours des deux derniers mois de l'année scolaire, un petit essai de la tombola fut fait, dans quelques écoles, pour préparer le terrain, et l'on annonça partout qu'à la rentrée, le tirage aurait lieu régulièrement tous les mois.

Entre temps, la petite feuille imprimée ci-dessous fut distribuée dans les familles par le soin des Frères et des Sœurs.

Œuvre des écoles de saint Antoine de Padoue.

Nous sommes heureux d'annoncer aux familles chrétiennes que chaque mois aura lieu, dans notre école, le tirage d'une Tombola absolument gratuite, se composant de quatre lots de 25 francs.

En retour de cette gracieuseté qui a pour but d'encourager les parents à faire donner à leurs enfants une éducation chrétienne, l'intendante de saint Antoine demande que tous les jours, en entrant en classe, les enfants fassent une prière, les bras en croix, pour supplier le saint bien-aimé de protéger l'Œuvre et de répandre ses faveurs sur ceux qui l'invoquent.

Tous les enfants de l'Ecole, sans exception, pourront participer à la Tombola, s'ils remplissent les conditions suivantes :

1° Ils devront ne jamais manquer l'École plus de trois fois sans raison, dans le courant du mois;

2° L'enfant qui manquerait la Messe le Dimanche ou le Catéchisme, ne fût-ce qu'une fois, sans raison légitime, serait exclu ce mois-là du tirage ;

3° L'indiscipline habituelle, les mauvaises notes fréquentes seront aussi des motifs d'exclusion ;

4° Enfin, les enfants ne devront jamais se mettre en retard pour le paiement des rétributions scolaires mensuelles aux Frères et aux Sœurs. Tout enfant qui, à la fin du mois, ne se sera pas mis en règle à ce sujet, ne pourra prendre part au tirage.

Saint Antoine de Padoue, ami de Jésus, priez pour nous.

Quel résultat pourrait bien donner cet avis?

Il convient de dire que les chers Frères, en général, ne croyaient guère qu'il pût en avoir un, quel qu'il fût. Les bonnes Sœurs, dans certains quartiers, montrèrent plus de coup d'œil et d'enthousiasme. D'emblée, elles saisirent l'économie du système et le parti qu'on en pourrait tirer. Leur seule crainte fut que l'intendante ne fît la tombola que chez les garçons. Dans le public, les avis n'étaient pas moins partagés. On se réservait.

La rentrée des classes coupa court aux pronostics et aux conjectures. Elle fut exceptionnellement brillante dans toutes les écoles où la tombola avait été précédemment expérimentée. Saint Antoine avait raison contre tous ses contradicteurs.

Dans telle école de garçons où, à l'ouverture de l'année scolaire précédente, on ne comptait que quatre-vingts élèves, dont le plus grand nombre ne payaient aucune rétribution scolaire, les classes ouvrirent avec *cent cinquante-sept* élèves, tous ou presque tous apportant chaque mois leur petite contribution.

L'école des filles, dans le même quartier, avait quatre-vingt-cinq élèves, en majeure partie gratuites. Elle commença l'année scolaire avec *cent quarante-cinq*, toutes payantes sans exception, et la place manque pour en recevoir de nouvelles.

Dans telle autre qui compte deux cents élèves, le chiffre des rétributions scolaires, jadis à peine digne d'entrer en ligne de compte, augmente progressivement chaque mois ; ailleurs ce chiffre, en deux mois, a doublé.

Une petite école de quarante élèves, tous payants, avant le système, passait dès la rentrée à soixante-deux. Une classe du soir payante, dans une école qui, de fondation, est absolument gratuite, vit le chiffre de ses élèves s'élever de trente-quatre à cinquante.

Le règlement, d'ailleurs, est très rigoureusement observé, et c'est indispensable, pour qu'il porte tous ses fruits.

Tout enfant qui, dans le mois, a manqué la messe, est exclu sans rémission ; il en est de même de celui qui ne s'est pas mis en règle pour la rétribution mensuelle. Aussi n'est-il pas rare, la veille du tirage, de voir les mères de famille accourir pour régler l'arriéré, afin que leur fillette ou leur garçon puisse participer à la tombola.

Ce n'est pas, nous semble-t-il, un médiocre résultat de procurer ainsi aux parents le moyen de concourir, par un sacrifice, si minime soit-il, à l'éducation de leurs enfants.

Ne soyons pas dupes des mots. L'expérience commence à faire justice des billevesées révolutionnaires en matière d'instruction. Si la laïcité de l'enseignement est un crime, sa gratuité absolue est surtout une sottise. En dépit des craintes chimériques dont certains esprits ne savent pas assez se défendre, les écoles catholiques ne peuvent que gagner dans l'opinion à n'être pas entièrement gratuites. Outre que c'est le devoir rigoureux du père de famille de contribuer, pour sa part, à l'instruction de ses enfants, il importe que les catholiques se mettent bien dans la tête que c'est par le système des rétributions scolaires, intelligemment pratiqué, qu'ils parviendront à soutenir la concurrence contre l'enseignement public.

Il convient d'ailleurs d'ajouter que ce système, qui est général dans un certain nombre de diocèses, est encore le meilleur pour donner à nos écoles, aux yeux des familles qui en bénéficient, une réelle valeur. Car, en matière d'instruction comme en tout le reste, on n'estime guère, en général, que ce que l'on paie.

*
* *

Il est certain, d'autre part, que vingt-cinq francs

survenant, inopinément dans un ménage d'ouvrier, c'est une somme. On peut donc soupçonner la faveur avec laquelle la tombola de saint Antoine a été accueillie. On en attend, chaque mois, le tirage avec la plus vive impatience. Et ce qui est intéressant à connaître, c'est la façon heureuse dont le plus souvent les divers lots se trouvent répartis.

Quand on s'informe des gagnants auprès des Frères et des Sœurs, on trouve fréquemment dans les paternelles attentions de la Providence à l'égard de telles ou telles familles, momentanément plus dignes d'intérêt que d'autres, des occasions de louer Dieu de la façon dont il dispose toutes choses.

Le jour où telle fillette est revenue à la maison, apportant le lot de saint Antoine, la mère était au lit, malade, soignée par l'aînée âgée de onze ans, pendant que le père, marin, était au loin, n'ayant laissé que de maigres ressources à la maison.

Ailleurs, c'est à une mère de famille de huit enfants qu'échoit l'aubaine.

Dans une autre école, le lot tombe à une charmante petite fille, très bien attifée, dans sa mise modeste, dont la mère avait d'autant plus de mérite à la tenir si proprement qu'elle n'a qu'un bras, ce qui ne l'empêche pas de travailler de son mieux pour élever sa jeune famille.

Le 14 décembre, dans une école de faubourg, deux sœurs de 4 et 5 ans, dans deux classes différentes, gagnèrent chacune un lot : c'était cinquante francs d'un coup dans la famille. Or, voyez la rencontre ! Le matin même la maman avait mis au monde son septième enfant. Il y avait quelque gêne dans la maison, car la bonne grand'mère, ce jour-là, en se levant, avait dit : « Il faut pourtant que je trouve un peu de travail, ne me donnerait-on que vingt sous par jour, pour gagner quelque chose pour les mioches !... » Saint Antoine s'était chargé d'envoyer les dragées du baptême.

Fréquemment, ce sont des enfants tout nouvellement admis dans l'école, des transfuges de l'école laïque, qui tirent le bon numéro. C'est la bienvenue de saint Antoine.

Et celui qui, entendant proclamer son numéro, avoue à haute voix sa petite ruse : « J'avais promis vingt sous à saint Antoine s'il me faisait gagner. » Un autre gagne et montre à ses camarades une minuscule statuette du saint qu'il tenait cachée dans sa petite main.

Un grand garçon disait : « Moi, j'avais prévenu saint Antoine de ne pas me faire gagner, parce que je veux qu'il m'accorde autre chose. Et le mois suivant, le sort l'ayant favorisé, il refuse son lot, le donne pour le pain des pauvres, pour ne pas amoindrir ses chances d'obtenir ce qu'il souhaitait.

Si l'on pouvait toujours, à ce sujet, faire une enquête, nous sommes sûrs qu'on découvrirait, presque chaque mois, que la tombola de saint Antoine justifie cette parole de l'Esprit-Saint :

« Les sorts se jettent dans le pan de la robe ;

mais c'est par le Seigneur qu'ils sont dirigés. »

Et ce qui n'est pas moins touchant, c'est chaque mois, à l'arrière-boutique, le défilé des parents favorisés par le saint amenant leurs enfants pour remercier leur glorieux protecteur et déposer dans le tronc le modeste témoignage de leur gratitude.

*
* *

Maintenant, il se peut fort bien que le procédé ne soit pas partout également applicable. Cela dépend un peu des conditions spéciales dans lesquelles les écoles sont placées. On ne prétend pas, d'ailleurs, le donner comme infaillible. Ce qui suffit à justifier l'essai qui en a été fait à Toulon, c'est qu'il a merveilleusement réussi. A l'heure actuelle, la tombola de saint Antoine a lieu, chaque mois, dans toutes les écoles de la ville et des faubourgs, sans exception. Dans toutes elle produit d'excellents résultats, et il est telle école de Frères où, devant l'affluence croissante des enfants, on a dû ouvrir une classe nouvelle. Chaque mois, quarante enfants gagnent chacun vingt-cinq francs. Ce qui représente une somme de mille francs portés dans les familles pauvres.

En même temps donc que le pain du corps est ainsi procuré à de braves gens très dignes d'être encouragés et assistés, c'est bien à répandre le pain spirituel qu'est employé l'argent de saint Antoine. Les généreux donateurs, dont le vœu est rempli, ne peuvent que se réjouir si, grâce à eux, on obtient deux résultats au lieu d'un.

XVIII

L'ŒUVRE DES MISSIONS

Il manquerait un chapitre, et qui n'est pas le moins intéressant, aux annales de l'arrière-boutique, un épisode au récit des « merveilles » dont, ayant eu la grande joie d'être le témoin, nous avons eu le désir de devenir l'historien, si nous terminions ce volume sans dire un mot de l'*Œuvre des Missions.*

Au cours de ces pages, nous en avons parlé incidemment à plusieurs reprises. Nous tromperions l'attente du lecteur et sa légitime curiosité, si nous n'entrions pas, à ce sujet, dans quelques détails.

Quand l'*Œuvre du Pain* vint donner une notoriété européenne au petit magasin de lingerie de la rue Lafayette, il y avait longtemps déjà qu'il était connu, à d'autres titres, dans les îles les plus inhospitalières de l'Océanie, dans les Missions de l'Inde, de la Chine et de l'Amérique. C'est, en effet, de là que partent, chaque année, à l'adresse de nos missionnaires Franciscains, Maristes, Oblats, Salésiens, etc., d'innombrables caisses, pleines à déborder de tout ce qu'une charité industrieuse suppose pouvoir être utile à l'œuvre civilisatrice des vaillants apôtres du Christ.

Que ne met-on pas dans ces caisses monumentales! D'abord des vêtements sacerdotaux, du linge d'autel, des ornements, des statues, des tableaux, des fleurs artificielles, des bannières, le tout emballé avec un art parfait, un soin minutieux : puis des images, des scapulaires, des médailles, des chapelets, de magnifiques chapelets multicolores, par douzaines. C'est le travail d'une communauté de Carmélites du nord de la France qui trouve là providentiellement son gagne-pain. Il les faut très longs et très gros, ces chapelets, pour que les sauvages convertis, qui ne s'en séparent pas, puissent les passer autour du cou. « C'est sûr, disait mademoiselle Bouffier, où voulez-vous qu'ils les mettent, ces pauvres gens? » Il les faut, de plus, de couleur voyante, à gros grains bleus, verts, rouges ou jaunes. Puis des objets de toutes sortes et les plus imprévus, des paniers, des albums, des jouets d'enfants, des accordéons, des perles, des échantillons d'étoffes, des boutons. Ah ! les boutons, surtout les boutons en cuivre ! On ne saurait croire, avec un bouton de cuivre, ce qu'on peut obtenir d'un sauvage !

Elle nous citait le trait réjouissant que lui écrivait un missionnaire mariste, d'un officier de marine qui, pour nous ne savons quelle affaire, avait dû, pendant un certain temps, utiliser les services d'un chef de sauvages. Au moment de se séparer de lui, il voulût l'indemniser de sa peine. Ouvrant devant lui son porte-monnaie, il prit une pièce de vingt francs et la lui donna. A la physionomie subitement rembrunie du sauvage, l'officier comprit qu'il n'était pas satisfait. Comme il essayait de lui demander la raison de son mécontentement, le bon sauvage lui fit comprendre qu'il eût à sortir de nouveau son porte-monnaie. L'officier s'exécute sans mot dire, et, le porte-monnaie ouvert, le sauvage y remet la pièce d'or et, lestement, en extrait un bouton de cuivre, un vulgaire bouton de culotte, que son œil perçant avait distingué au milieu de la monnaie. C'était cela qu'il voulait et rien autre. « Vous comprenez, le louis d'or, nous disait mademoiselle Bouffier, n'avait pas de trou ; impossible de se le pendre au nez. Or, pour un sauvage, c'est l'essentiel. »

Ne riez pas ; nos prétendus civilisés ne sont bien souvent pas plus judicieux dans le choix des objets qu'ils estiment indispensables à leur bonheur.

La préparation des envois, la composition des caisses, leur emballage méthodique constituent la grande affaire des diligentes compagnes de mademoiselle Bouffier, dans leurs moments de loisir. C'est de tous les points de la France qu'on leur expédie maintenant de pleines caisses d'objets de rebut, d'étoffes démodées, de broderies hors d'usage, etc., etc. Il faut faire le triage de ces envois, parfois assez hétéroclites. Il faut blanchir, réparer, s'ingénier, faire des combinaisons pour tirer le meilleur parti possible de ces défroques. Avec beaucoup de patience et un peu de goût, on arrive à fabriquer de petites merveilles qui vont au loin réjouir nos missionnaires et les aider à conquérir des âmes à Jésus-Christ.

N'oublions pas de mentionner ces liasses de petits carrés de papier blanc de diverses grandeurs, placées dans un coin au fond de la malle. Correspondants de saint Antoine, ce sont là toutes les feuilles blanches de vos lettres. Il ne faut rien laisser perdre. Et pour le pauvre missionnaire dénué de tout, « ces fragments », soigneusement recueillis et conservés, ne sont pas la découverte la moins agréable de ces véritables caisses à surprises.

Mais quelle douce récompense les ouvrières des Missions ne trouvent-elles pas à tant d'attentions, de soins et de fatigues, dans les accusés de réception qui parviennent à l'arrière-boutique !

Un missionnaire mariste des îles Fidji écrit de Lava, 29 juillet 1890, à mademoiselle Bouffier :

Il y a eu beaucoup de prédications pendant nos fêtes; mais je crois que celle qui a fait le plus d'effet est bien celle que vous avez donnée vous-même, en contribuant à la pompe du culte...

Les nouveaux convertis, après avoir vu la splendeur

des offices, la beauté des ornements, sont maintenant persuadés que la religion catholique est la seule bonne, et désormais, rien ne saurait les contraindre à la quitter.

La lettre suivante, du R. P. Fossaty, vient de Pentaneras (Amérique du Sud), 5 janvier 1892.

Je vous félicite de tout le travail que vous avez fait, car je puis vous assurer que la mission que vous avez prise sur vous et que vous cherchez toujours à agrandir est une mission bien féconde. Un jour, bien sûr, plus d'une conversion vous sera attribuée par le bon Dieu.

Et il arrive des lettres semblables de la Cochinchine, de l'île de Ceylan, des Montagnes-Rocheuses.

Quoique cette œuvre si féconde des Missions se soit établie depuis nombre d'années déjà dans divers diocèses de France notamment dans le Tarn à Labastide-Lévis, où un ouvroir dirigé par un groupe de demoiselles est en relations suivies avec la rue Lafayette, cette œuvre, disons-nous, était cependant peu connue. Une note insérée dans la *Revue Franciscaine* la signala à l'attention des âmes pieuses, et donna l'adresse de mademoiselle Bouffier. L'appel fut entendu d'une manière providentielle, les lettres et les envois affluèrent de tous les points de la France. Elle continuait cependant à faire si peu de bruit que le R. P. Marie-Antoine qui, depuis les derniers mois de 1892, se tenait très régulièrement au courant de tout ce qui se passait à l'arrière-boutique, n'en avait jamais entendu parler.

Il a raconté dans son petit opuscule : *Une fleur à saint Antoine*, comment il en eut fortuitement connaissance, et quelle révélation ce fut pour lui.

Revenant de prêcher une retraite aux moines de Lérins, il s'arrêta à Toulon le 9 décembre 1893. Au cours de sa visite à l'arrière-boutique, mademoiselle Bouffier l'invita à bénir les jeunes ouvrières de la lingerie qui s'étaient groupées autour de lui.

« Bénissez-les, lui dit-elle, bénissez-les, mon Père, pour qu'elles soient toujours de bonnes ouvrières de notre sainte œuvre des Missions. Voilà plus de quinze ans que tout en faisant nos travaux de lingerie, nous avons le bonheur de faire marcher cette œuvre et, grâce à Dieu, tous les jours elle grandit, surtout depuis que le bon saint Antoine a bien voulu venir demeurer avec nous. »

Il fallu s'expliquer, entrer dans des détails que le Bon Père coupait par ses exclamations et ses effusions. A ses yeux, dès lors, tout s'expliquait, dans l'arrière-boutique. Et avec ce lyrisme qui donne tant de charme et d'imprévu à ses improvisations, il s'écria :

« Oui, mes chères enfants, le mystère maintenant se dévoile. Oui, sachez-le, c'est votre sainte œuvre des Missions qui a attiré saint Antoine de Padoue parmi vous. C'est cette sainte œuvre qui vous a mérité la faveur insigne du choix qu'il a fait de votre si petit et si humble magasin. Quand on sème dans la charité, on recueille dans le miracle. *L'Œuvre des Missions* c'était la fleur, celle du *Pain des Pauvres* en a été le fruit exquis. »

*
* *

Mais pour donner une idée complète de l'œuvre qui arrachait des cris d'admiration au bon religieux capucin, rien ne saurait valoir la reproduction de quelques extraits de la correspondance familière, tout imprégnée de piété et de zèle pour la gloire de Dieu, que mademoiselle Bouffier entretient avec ses dévouées auxiliaires et collaboratrices de l'ouvroir de Labastide-Lévis.

Il est bien évident que ces lettres n'étaient pas destinées à la publicité, pas plus que d'autres dont il faut imputer la reproduction à l'avidité du public catholique pour tout ce qui touche à *l'Œuvre du Pain*. Communiquées au P. Marie-Antoine, peu de temps après qu'il eut découvert l'existence de *l'Œuvre des Missions*, ces lettres lui parurent, sans doute,de bonne prise. Dans son grand désir de vulgariser l'œuvre, de la propager, de multiplier partout les ouvroirs où l'on travaillerait pour les missionnaires, il n'hésita pas à les livrer au public, bien entendu, sans demander aucune espèce d'autorisation.

Nous ne lui en demanderons pas davantage nous-mêmes, pour reproduire ces confidences qui, mieux que nous ne pourrions le faire, montreront à nos lecteurs comment, à la rue Lafayette, on pratique « l'exportation. »

Cela pourra donner l'idée à des familles chrétiennes de contribuer à ces envois. Que d'objets se perdent ou restent inutilisés, qui, mis de côté. pourraient être d'une si grande utilité chez les sauvages !

C'est uniquement le but que nous nous sommes proposé en reproduisant ces lettres qu'on ne lira pas, d'ailleurs, sans un vif intérêt.

Lettres de mademoiselle Bouffier sur les missions.

Toulon, le 12 février 1890.

Bien chère mademoiselle,

. . . .

Votre délicieux envoi est venu me faire sourire sur mon lit de souffrances. Votre magnifique aube sera destinée, j'en suis sûre, à Mgr Vidal (de la société de Marie). Vos pentes d'autel sont d'un effet surprenant: elles vont faire ouvrir la bouche d'admiration à nos pauvres sauvages. La belle, en velours, à franges d'or, sera destinée à la chapelle qui doit porter le nom de cathédrale. Votre étole sera gardée pour les grands jours de fête, et la pale en broderie d'or ne sortira que pour les grandes circonstances.

J'ai habillé dernièrement une poupée splendide pour Mgr Lamaze, évêque d'Océanie. Il l'a offerte à la reine du pays. Nous avons aussi fabriqué un album magnifique, avec ces chromos, encore pour cadeau. Ce n'est qu'à force de présents que l'on gagne l'affection de ces pauvres sauvages. Cela se comprend ; n'ayant jamais rien vu, ils sont avides de tout.

Il paraît que lorsque les missionnaires veulent avoir des nouvelles d'un de leurs confrères, éloigné de quarante ou cinquante lieues, ils n'ont qu'à promettre à un sauvage une image d'Epinal d'un sou, représentant des chevaux ou des soldats. Et il part et revient avec la rapidité du vent. Aussi, je leur envoie de pleines caisses d'images, de chromos, que je recueille un peu partout, mais surtout dans les tablettes de chocolat.

Un de mes fabricants vient de m'expédier deux tarifs d'échantillons, rideaux brodés. J'en ai fait confectionner soixante surplis d'enfants de chœur. Ce qui coûte le plus, ce sont les petites soutanes rouges, et cependant nous les faisons en étoffe coton.

Il paraît que rien ne charme les sauvages comme de voir leurs petits noirs habillés de blanc et de rouge.

Laissez-moi vous raconter un trait qui m'a frappée. Un de nos missionnaires me disait, ces jours-ci, que bien souvent, ils n'ont pour corporal qu'un mouchoir bleu ou jaune, comme les ont en France les priseurs.

Chère amie, n'y a-t-il pas de quoi pleurer en voyant le luxe et l'élégance de nos Françaises, et la pauvreté du linge servant pour notre Dieu !

Toulon, le 14 juin 1890.

Ma bien chère amie,

.... Remerciez l'aimable dame qui a fait le sacrifice de son châle ; probablement il fera l'office de dais pour la Fête-Dieu. Il y a quelque temps, on m'en avait offert deux très beaux : ils avaient coûté cent dix francs chacun. Nous les avons envoyés aussi; nos missionnaires en ont fait présent au roi du pays, et cela leur a valu une grande protection et beaucoup de terrain.

Les mouchoirs feront de beaux purificatoires; vos corporaux, pales, petits rochets, la petite bourse, le joli nécessaire, les images, tout va faire sauter de joie nos jeunes missionnaires.

Demain nous expédions un petit envoi à Saïgon. Nous préparons trois belles caisses pour la fin du mois, deux pour le Tonkin, et celle du P. Gallais, qui renfermera tous vos objets.

J'ai fait faire, ces jours-ci, un chemin de croix féerique, pour de pauvres sauvages. Ce sont des chromos, encadrés d'une petite baguette bois et or. J'ai eu ces quatorze tableaux pour vingt francs. Songez de combien d'indulgences les âmes du purgatoire vont bénéficier grâce à ces vingt francs. Oh! que de joies procure la charité!

Toulon, le 3 août 1890.

Ma bien tendre amie,

Vos envois seront donc toujours de plus en plus beaux! Comment vous exprimer notre admiration, en contemplant votre magnifique tour d'autel! Offert à notre cathédrale, il ferait, j'en suis sûre, ses délices. Mais n'ayez point peur; il ne sera pas pour notre chère France, mais pour nos aimés missionnaires. Nous avons calculé qu'il est assez long pour faire un dais. Oh! mon Jésus, pardonnez-nous, je vous prie, autant de péchés qu'il renferme de points.

Le bon P. Fossaty va bénéficier de votre magnifique vierge dorée. La tour Eiffel est réellement gracieuse; elle fera les délices de quelque potentat.

Nous préparons une énorme caisse pour le procureur des Missions des îles de Ceylan...

Aussitôt cette caisse terminée, nous nous proposons d'en commencer une autre pour un jeune missionnaire de vingt-cinq ans. Il y a huit mois, nous lui avons fait un envoi magnifique. Eh bien, ce bon Père m'adresse une lettre désolée, dans laquelle il me dit que les fourmis blanches, qui sont d'une grosseur extraordinaire dans cette partie de l'Inde, lui ont dévoré, dans une seule nuit, tout le contenu de sa caisse : ornements, linges, rien n'a été épargné.

Quelle joie doivent éprouver ces missionnaires, en déballant ces grosses caisses ! Ils doivent en baiser le contenu, en songeant que tous ces objets leur viennent de la mère-patrie. Est-il bien possible, chère amie, que le bon Dieu nous réserve des récompenses pour le peu de bien que nous faisons par sa grâce ? S'il ne l'avait dit Lui-même, j'aurais peine à le croire, tant je suis déjà heureuse !

Vous ne sauriez croire, chère amie, comme tous ces mille petits riens : trompettes, voitures, etc., font plaisir aux sauvages ; ce sont de véritables enfants. Ainsi, un de nos missionnaires a reçu un mouton, en échange d'une aiguille. Un autre, se trouvant aux abois pour la nourriture, promit une petite glace qui pouvait bien valoir un sou, et à l'instant il regorgea de tout. Quelle confusion pour nous, chère amie, à qui Jésus donne tout !

Toulon, le 22 décembre 1890.

Merci, chère amie, de vos deux ornements remis par vos soins en si bon état, des deux jolies pentes d'autel en dentelle qui m'ont fait deux aubes superbes, des deux beaux albums qui vont réjouir tous ces pauvres petits cœurs de sauvages, de ces quantités d'images qui sont de vraies fortunes pour nos Missions et de ces boucles d'oreilles splendides.

Quel travail nous avons fait, chère amie, en novembre et décembre ! En deux mois, nous avons expédié cinq caisses.

Je ne sais si je vous ai parlé de la connaissance que j'ai faite, toujours providentiellement, d'une bonne religieuse qui est presque toujours en tournée d'un monastère à l'autre. Partout où elle passe, elle fouille les sacristies et m'en fait expédier tout ce qui dort inutilement dans les tiroirs. En deux mois, elle m'a adressé quatre ballots remplis de tout ce que vous pouvez rêver : entre autres, quatorze ornements. Eh bien, le croiriez-vous ? Tout est déjà parti.

J'ai eu la visite, chère amie, du R. P. Tarmenude. Après lui avoir donné deux caisses, j'ai eu la faiblesse de céder à une de ses petites prières, et de lui en donner encore une troisième. Nous l'avions préparée pour un Salésien que nous aimons beaucoup et qui part le 10 janvier pour l'Amérique du Nord. Ce qui fait qu'à cette heure, nous chauffons le travail à toute vapeur, pour avoir le temps de refaire cette caisse qui doit partir le 10 janvier.

Hier, nous avons eu la visite d'un évêque missionnaire anglais. Il aurait accepté bien volontiers sa part ; mais, n'étant pas prévenue, cela m'a été impossible. Oh ! si j'osais me plaindre, je dirais à Notre-Seigneur : Pourquoi, bon Maître, m'avez-vous fait un cœur plus grand que ma pauvre bourse ?

Toulon, le 24 février 1891.

Mes bien chères amies,

Oh! chères amies, entrevoyez-vous dans l'avenir ce moment délicieux où, fermant les yeux à la vie, notre Jésus nous dira : « Qu'elle est belle sur les montagnes de l'Océanie, des Nouvelles-Hébrides, de la Terre de Feu, du Tonkin, de l'Amérique du Nord, des îles de Ceylan, de la Patagonie, l'empreinte de ces caisses remplies d'objets destinés à relever mon culte, à me gagner des âmes, et à consoler le cœur de mes chers missionnaires ! »

Vous dépeindre la joie qu'éprouve ma pauvre âme, à l'arrivée d'un de vos ballots, est chose impossible. Chères amies, je n'ai pas la patience de défaire les nœuds; je coupe, et mon cœur bat à toute vitesse en dépliant le papier! En cet instant, je fais concurrence aux sauvages ; je pousse des cris de joie, je trouve tout admirable, tout magnifique, et je défie les plus riches de la terre d'être plus heureux que moi.

J'ai fait partir, le premier jour de février, une énorme caisse pour la Terre de Feu. Votre ornement rouge en faisait partie. Je me suis bien gardée d'oublier d'y mettre la tabatière du grand-père que nous avons eu soin de bien remplir de tabac. Le tour d'autel, à grandes pentes pointues, va me faire une aube magnifique ; la petite pale est ravissante, les deux rochets sont superbes. Le joli châle mousseline de laine et le petit éventail seront de beaux présents pour une reine. Mais, d'où sortez-vous de si jolis boutons? Pour cette collection, nos missionnaires sont capables d'obtenir une île en échange.

Mais parlons un peu du porte-cigares. Je ne puis dire combien de temps j'ai rêvé un objet faisant de la musique. Aussi, je vais l'envoyer dans la mission la plus sauvage; ces pauvres gens vont croire que c'est une divinité. Oh ! que le missionnaire qui va le posséder va être heureux ! Il n'oubliera pas dans ses prières la personne qui le lui a offert.

Toulon, le 5 mai 1891.

. . . .

J'ai vu tout récemment Mgr Mélizan (1), et, le mois de décembre dernier, je lui ai adressé une grosse caisse renfermant beaucoup de vos objets. Jamais vous n'avez connu quelqu'un de plus simple et de plus aimable. Tout en faisant la visite de mon magasin, il me disait : « Laissez-moi le bénir, laissez-moi le bénir; je suis bien sûr que je bénéficierai de son petit gain. » Puis, me montrant la moitié de sa main, il me disait d'un petit air mendiant : « N'auriez-vous pas de petits chiffons de cette grandeur, bleus, blancs, rouges ? — Mais, monseigneur, lui répondis-je, qu'en pourriez-vous faire ? — Oh ! me dit-il, je ne puis rien offrir à mes sauvages de plus attrayant qu'un morceau de chiffon. » Aussi, depuis cette époque, je bourre toutes mes caisses d'échantillons. — « Ah ! me disait-il encore, je suis comme mes sauvages, tout ce que je vois me fait envie; je voudrais pouvoir tout emporter à Jafna. »

Adieu, chères amies, je vous adresse une provision de remercîments pour toutes les âmes qui ont contribué à fournir tous les gracieux envois.

N'oublions pas que le sacrifice est le seul acte d'amour vrai, et que tant qu'il n'y a pas de sacrifice, il n'y a pas d'amour.

(1) Des oblats de Marie, archevêque de Jafna.

Toulon, le 18 mars 1891.

. . . .

On vient de me faire un cadeau splendide. Un grand chemin de croix colorié qui était relégué depuis plusieurs années dans un grenier de campagne. Je vais l'adresser au P Le Mée à Saïgon, à cause du transport qui, pour la Chine, ne coûte jamais rien.

Les officiers de marine se font un plaisir de nous emporter gratis tout ce que nous désirons.

Autre grande joie. On m'a offert quatre chandeliers de maître-autel en cuivre doré, défraîchis. Je les ai fait peindre, or et rouge; ils sont féeriques, et font pousser à nous, Français, des cris d'admiration.

Nous avons fait, ces jours-ci, l'invention de petits thabors délicieux. Pour de pauvres missionnaires qui n'ont le plus souvent qu'un modeste ciboire, ce sera ravissant.

Lorsque vous aurez une robe, pouvant faire un ornement quelconque, faites-la teindre en rouge. Dans les missions où l'on n'a pas de liturgie, le rouge remplace le blanc.

Adieu, chères amies, rappelons-nous souvent, nous qui vivons beaucoup ensemble, les suaves paroles de madame Barat : « L'unique secret de vivre en paix est de se faire pelote, souffrant que chacun y mette son épingle ».

Toulon, le 21 juin 1891.

. . . .

Les quatre pentes, bleu et or, vont faire un dais magnifique; et ces belles poupées! elles vont être un événement pour les Nouvelles-Hébrides où tous les enfants sont noirs. Que Dieu bénisse, d'une bénédiction toute particulière, la chère enfant qui en fait le sacrifice, car certainement elle assurera de grandes protections aux missionnaires.

Vous ne pourriez croire, chères amies, comme tous ces clinquants dorés : broches, bracelets, boucles d'oreilles, boutons, ont de la valeur pour ces pauvres sauvages. Un sauvage aime cent fois mieux un bouton qu'il peut suspendre à son cou qu'une pièce vingt francs, car il ne sait distinguer l'or du cuivre. Vous avez, chères amies, appelé inutilités ces gros anneaux de cuivre, et bien sûr ce sera ce qui aura le plus de valeur. J'ai habité l'Algérie, et nos femmes arabes portent à leurs oreilles deux ou trois anneaux, aussi gros que ceux que vous m'adressez; et l'Arabe ne supporte cependant pas qu'on le nomme sauvage.

Et que puis-je vous dire de ce beau châle ? Il est magnifique. Je vais l'envoyer au bon P. Fossaty; dans la Patagonie, où il fait très froid, il aura un prix énorme. Ce cher Père est capable d'avoir en échange deux magnifiques chevaux. Mais je garde, pour bouquet de mes remerciements, la jolie petite bannière bleue et blanche. Je ne sais si c'est parce qu'elle sort de notre cher ouvroir de Labastide, mais je la trouve ravissante.

Toulon, le 17 juin 1892.

Chère amie,

. . . .

J'ai fait partir deux énormes caisses pour la Chine. Une de ces caisses contenait un magnifique chemin de croix, offert par une de nos bonnes amies, simple domestique, rapiéçant elle-même ses souliers de cuir pour donner davantage aux missions.

Avec ses économies de plusieurs années elle a envoyé l'an dernier deux calices de 500 francs aux missions.

Si je l'ai su, ce n'est pas par elle, elle le cache trop bien. Je l'aime et l'apprécie tellement, que si je ne craignais de lui faire de la peine, quand elle vient à la maison je baiserais ses pieds, tant je sens que le bon Dieu doit l'aimer.

Terminons par un dernier extrait :

Toulon, le 19 août 1894.

. . . .

Comment vais-je faire, chère amie, pour vous exprimer ma joie en présence de tous ces beaux ornements, de cette avalanche de tours d'autel et de bannières, etc. Le petit chemin de Croix est déjà parti pour la Chine, ainsi que le missel. Les deux accordéons partent pour l'Océanie. Les boutons et les ombrelles pour les Nouvelles-Hébrides.

Les chapeaux haute forme font bien plaisir à nos sauvages, mais ils se déforment en route. Savez-vous le profit qu'en tirent nos bonnes petites sœurs des pauvres? elles décollent la peluche et en font de très jolies barrettes pour leurs vieillards.

Oh ! chères amies, que Dieu bénisse vos travaux et vous rende participantes de tous les sacrifices de nos chers missionnaires ! Je suis tout heureuse de l'annonce que vous me faites de la création de nouveaux ouvroirs. Oh ! qu'il fait bon travailler à étendre le règne du bon Dieu sur la terre ; et dire qu'il y en a tant qui ne travaillent qu'à l'éteindre...

J'ai connaissance, chère amie, de ces robes de sauvages dont vous me parlez. Une dame de Paris m'en envoie très souvent, elles font grand plaisir dans les missions de l'Océanie, c'est un cadeau princier.

J'ai été encore obligée de louer un second étage pour remiser nos caisses des missions : ces pauvres chambres ressemblent à de vrais magasins de fripiers; et dire que tout cela une fois employé fait des merveilles!

Nous travaillons énormément ces temps-ci. Nous avons fait partir hier deux caisses pour la Chine et trois pour l'Océanie, pour les Nouvelles-Hébrides et pour la Calédonie.

Nous avons reçu de l'Alsace des caisses splendides renfermant des croix de maître-autel et des chandeliers de toute beauté.

Nous confectionnons dix parures d'autel avec vos fleurs d'or mélangées à de grosses roses rouges : c'est féerique. En peu de temps nous aurons expédié 42 magnifiques bouquets d'autel.

Le bon saint Antoine se fâcherait, chère amie, si je ne vous parlais un peu longuement de lui. — Oh! que de merveilles il fait par le monde! Vous devez l'apprendre par la voie de la presse; partout où on lui érige un trône, il se plaît à répandre, avec profusion, les plus étonnantes largesses.

Mais dans sa pauvre arrière-boutique de la rue Lafayette, on dirait qu'il est plus chez lui, et à vrai dire, il est plus chez lui : puisque personne ne lui a assigné cette obscure demeure, c'est lui tout seul qui se l'est choisie. Posé tout simplement sur une pauvre cheminée de cuisine, en simple ardoise noire, il voit du matin au soir tout un peuple agenouillé à ses pieds priant avec une ferveur extraordinaire. Oh! que de larmes brûlantes coulent silencieuses dans cet obscur réduit!

En ces deux mois : juin et juillet, les offrandes en actions de grâces se sont élevées chaque mois à neuf mille francs, et ce mois d'août nous dépasserons dix mille. En ces sept premiers mois de l'année les offrandes ont atteint le chiffre de 52,354 francs.

Ce qui fait notre œuvre si grande, chère amie, ne l'oublions pas, c'est surtout la prière de nos chers pauvres, trois fois par jour.

Partout où l'on installera l'Œuvre du Pain sans s'assurer la prière du pauvre, l'œuvre produira peu de fruits.

. . . .

Quels progrès fait la petite Œuvre du Pain ! En 1892, 6,000 francs; en 1893, 39,000 francs; et en 1894 peut-être 100,000 francs.

Oh ! chères amies, si, à côté de cette chère petite Œuvre du Pain, Dieu avait la joie de rencontrer à sa disposition de ces âmes toutes disposées à embrasser une vie de pénitence et de sacrifices, que de merveilles il s'opérerait ! Mais hélas ! que de lâcheté il y a en nous. Nous voulons aimer Dieu de tout notre cœur, nous croyons parfois l'aimer ainsi, et nous oublions que ce n'est que sur la route du Calvaire que l'on rencontre le parfait amour.

XIX

LE GRAND ARBRE

La parabole évangélique du grain de sénevé, devenu ce grand arbre dans les rameaux duquel viennent habiter les oiseaux, se présente naturellement à l'esprit, quand, réfléchissant aux origines infimes de l'*Œuvre du Pain des Pauvres*, on en contemple les prodigieux développements.

Après avoir dit comment elle a pris naissance, obscurément, à l'insu de tous, dans l'humble demeure d'une chrétienne ignorée, il eût été intéressant de pouvoir montrer la rapidité de son expansion et son extraordinaire fécondité. Il nous faut renoncer à esquisser ce tableau.

La simple et brève énumération des villes de la France et de l'étranger, des bourgs, villages, hameaux, paroisses, chapelles, communautés, écoles chrétiennes dans lesquels le culte de saint Antoine est actuellement en honneur, remplirait de nombreuses pages de ce volume, et serait forcément incomplète.

Sous la rubrique spéciale qu'elle a dû consacrer aux progrès de cette dévotion *envahissante*, la *Croix*, qui a si puissamment contribué à la répandre, mentionne presque chaque jour de nouvelles créations. On peut prévoir que, dans un avenir très rapproché, il n'y aura plus une seule paroisse en France qui n'ait, en bonne place, la statue de saint Antoine de Padoue, à côté de celles du Sacré-Cœur, de la Vierge et de saint Joseph que la piété des fidèles est accoutumée à vénérer partout.

Et ce qui n'est pas moins remarquable, c'est l'entrain et la facilité avec lesquels ce culte se propage ! Au nom de saint Antoine les multitudes se lèvent et accourent. Comment douter que ce ne soit dans des vues miséricordieuses que Dieu redonne au monde le grand thaumaturge ?

*
* *

Pour ne parler que des faits que nous avons sous les yeux, on comptera bientôt, dans le diocèse de Fréjus, les paroisses où le culte du grand saint n'est pas établi.

Et nous n'oserions jurer que les curés, qui résistent encore à l'entraînement, ne se décidassent à le suivre, s'ils voulaient entendre le vœu secret ou avoué de leurs ouailles ; car, détail très caractéristique, ce sont elles qui réclament saint Antoine. C'est le peuple qui, spontanément, lui dresse de nouveaux autels, et force, en quelque sorte, la main au clergé.

Ce qui nous paraît digne d'être noté, c'est qu'à Toulon, par exemple, dans la ville privilégiée, où fleurit l'arrière-boutique merveilleuse, et où, par conséquent, il pouvait sembler moins nécessaire qu'ailleurs de donner cette satisfaction aux fidèles et de leur procurer les moyens de satisfaire leur piété ; à Toulon, saint Antoine, déjà honoré d'ancienne date dans deux églises, a entrepris le siège de toutes les autres. Six paroisses, sur les sept dont se compose la ville et les faubourgs, ont le tronc de saint Antoine. Et cette émulation, nous allions dire cette concurrence, n'influe d'aucune façon sur les ressources de la rue Lafayette. Elle a eu seulement pour résultat de vulgariser davantage l'étonnant crédit du saint, de lui fournir l'occasion de multiplier ses grâces, et d'augmenter les offrandes dont bénéficient les malheureux.

On sait avec quel esprit de détachement, quelle abnégation rare, même dans les œuvres, mademoiselle Bouffier, dès la première heure, s'est instituée la propagatrice du Pain des Pauvres. Nous avons parlé de la circulaire qu'elle a fait imprimer à l'usage de tous ceux qui, des quatre coins du monde, lui demandent des renseignements et des conseils. C'est le lieu de reproduire ce document qui témoigne, comme on va le voir, de la largeur de vues et du zèle éclairé dont s'inspire l'intendante du grand saint.

L'Œuvre du Pain de saint Antoine de Padoue.

Dieu bénit visiblement cette œuvre née d'hier. On ne compte déjà plus les villes et villages dans lesquels elle est établie, et partout elle donne les résultats les plus merveilleux.

Les grâces de tous genres dont il favorise les clients du glorieux *thaumaturge de l'Église universelle*, ne nous autorisent-elles pas à croire que Dieu désire que cette façon si gracieuse et si efficace de faire l'aumône se propage de plus en plus et devienne universelle?

Sachons comprendre et mettre en œuvre le remède que la Providence nous propose pour guérir l'aveuglement et l'égoïsme de nos chrétiens dégénérés. La foi, s'il plaît à Dieu, nous sera rendue par la charité.

Il est extrêmement facile de créer l'Œuvre du Pain, soit que l'on désire en consacrer le produit aux besoins matériels des pauvres d'une paroisse, d'un orphelinat, d'une communauté, ou à l'entretien d'une école chrétienne.

Il suffit de placer une statue et même une simple image de saint Antoine de Padoue dans un endroit très apparent d'une église ou d'une chapelle, afin qu'elle soit d'un accès facile pour le public.

On met au pied de la statue un tronc pour les offrandes, et c'est tout.

L'œuvre, telle qu'il a plu à saint Antoine de venir la créer à Toulon, dans la petite arrière-boutique de la rue Lafayette, consiste en ceci :

Quand on veut obtenir de notre saint une grâce spirituelle ou temporelle, quelle qu'elle soit, on lui promet telle quantité de pain, ou telle somme équivalente pour les pauvres, qu'on ne devra verser dans le tronc des offrandes que lorsqu'on aura été exaucé.

Le chiffre de l'aumône est laissé au bon vouloir et à la générosité de chacun. Aucune somme n'est fixée.

Mais, quand la grâce a été obtenue, il faut se hâter de payer sa dette, si l'on tient à conserver les faveurs de saint Antoine.

Pour le succès des requêtes qu'on lui adresse, il est très important de s'assurer les prières des pauvres qui recevront tout ou partie du pain promis, orphelinats, asiles de vieillards, communautés religieuses, enfants des écoles, etc..

Toutes les œuvres pauvres du diocèse de Fréjus : vieillards, orphelins, communautés cloîtrées à qui est envoyé le pain de saint Antoine, se sont engagées à réciter trois fois par jour, les bras en croix, un *Pater*, un *Ave*, un *Gloria Patri* et trois fois l'invocation suivante : *Saint Antoine de Padoue, ami de Jésus, priez pour nous.* C'est, manifestement, à cette croisade de prières que nous devons, à Toulon, les faveurs innombrables que nous accorde notre bon saint.

A ce sujet, nous devons dire que le pain peut être promis pour l'œuvre ou les pauvres que l'on désire favoriser ; il suffit de spécifier en faisant sa promesse. Mais quand on est exaucé on doit le pain à ceux dont on a sollicité les prières.

Ceux qui savent mettre un peu de zèle dans la propagation de cette dévotion si simple, qui publient les merveilles qu'elle opère, et font circuler le petit opuscule du R. P. Marie-Antoine : *Les grandes gloires de saint Antoine de Padoue*, racontant l'origine de l'œuvre, ne tardent pas à être consolés par les résultats qu'ils obtiennent.

Il n'y a pas de curé placé dans les conditions les plus désavantageuses, à la tête de paroisses réputées sans ressources et où jusqu'ici le tronc des pauvres ne produisait rien ou presque rien, qui n'ait eu lieu de se féliciter d'avoir confié à saint Antoine de Padoue le soin de les pourvoir de pain pour les indigents.

Saint Antoine de Padoue, ami de Jésus,
Priez pour nous.

Rappelons, pour compléter cette note, le conseil avisé que l'intendante donne fréquemment à ceux qui la consultent sur la meilleure manière de distribuer les aumônes. « Pas d'économies, pas de charité parcimonieuse ; ne marchandez pas les secours aux misères présentes, sous prétexte de pourvoir à celles qui viendront plus tard. C'est manquer de confiance en la Providence. Une prévoyance trop humaine risque de devenir inhumaine. Que l'inépuisable générosité du saint soit le modèle de la vôtre. »

*
* *

On a vu ce qu'il fait à Toulon.

Par le peu que nous en savons, nous pouvons certifier qu'il ne montre pas moins de souci des pauvres partout ailleurs.

A Paris, les troncs pour le pain de saint Antoine sont déjà nombreux. Il est tel d'entre eux dont les recettes rivalisent, à cette heure, avec celles de l'arrière-boutique et les dépassent. En novembre dernier elles atteignaient *trois mille francs par semaine !*

Le bulletin des religieux Augustins de l'Assomption de Bordeaux accuse un total de recettes de 70,000 francs pour l'année 1894. A Poitiers, vers le milieu de la même année, le tronc d'une seule paroisse donnait déjà 600 francs par mois. A Cherbourg, deux troncs placés, l'un dans une librairie, l'autre dans une mercerie, rapportent ensemble environ 500 francs par mois. A Marseille, où l'œuvre est installée en vingt endroits, le plus important établissement d'orphelins de la ville doit à saint Antoine le pain journellement nécessaire à plusieurs centaines d'enfants. A Pierrefeu (Var), localité de 1,800 âmes, le tronc produit environ 200 francs par mois. A l'autre bout de la France, on nous cite Ver, petite commune rurale de 800 habitants où l'on récolte, en 1894, 166 francs en cinq mois. Telle communauté de carmélites d'une petite ville de l'Ouest reçoit plus de quatre cents francs d'aumônes par mois, qu'on distribue aux pauvres de la ville. Et que d'écoles chrétiennes allaient sombrer si saint Antoine ne fût venu à leur aide ! Le curé d'une paroisse bien petite et bien délaissée, qui ne compte guère que de pauvres gens, recueille maintenant dans le tronc, jusqu'ici désespérément vide, la somme qu'il déboursait, jadis, chaque année, pour les indigents. Il n'y comprend rien, comme il nous le disait un jour, mais n'est que plus frappé du prodige et ne montre que plus de reconnaissance envers son céleste pourvoyeur. La fête du thaumaturge, solennisée avec grand éclat, en juin 1894, à la suite d'une retraite préparatoire, procura, à notre excellent curé, des communions d'hommes plus nombreuses qu'aux Pâques précédentes et des retours plus signalés.

A l'étranger, il en va de même. C'est une contagion. Toutes les villes de Belgique auront bientôt le tronc de saint Antoine. Il fait merveille là aussi. Lisez ce trait vraiment touchant, que mademoiselle Bouffier, dans une lettre, racontait à ses amies du Tarn :

« Il y a environ deux mois, dit-elle, j'adressais à une jeune fille malade à Anvers (Belgique) une petite image de notre bien-aimé saint. Elle lui fut si agréable qu'elle la fit encadrer précieusement. Voulez-vous croire, chère amie, qu'elle vient de distribuer 2,700 kilos de pain, offerts à notre bien-aimé saint devant sa petite image? Cette dévotion prend comme le chiendent; il suffit de la planter pour qu'elle pousse. »

Cette lettre est du 26 novembre 1893.

Et depuis? Et ailleurs?

Il est bien évident que ces chiffres déjà magnifiques ne sont plus exacts, au moment où nous écrivons ces lignes; ils sont forcément au-dessous de la réalité.

Disons, à ce propos, que c'est sûrement un mauvais calcul de ne pas divulguer les ressources que procure saint Antoine. Il semble tenir à cette publicité. Se souvient-on que les recettes quotidiennes de l'arrière-boutique ne progressèrent réellement que lorsqu'on se décida à les enregistrer et qu'on en put mieux ainsi apprécier l'importance ?

Mais, dans la facilité avec laquelle ce petit grain pousse partout où on le jette, quelle réponse aux deux principales objections d'excellents curés de villages !

« Un tronc de saint Antoine, chez moi, à quoi bon ? disent les uns. Je n'ai pas de riches. »

D'autres, plus rares, il est vrai, objectent : « Pourquoi faire ? je n'ai pas de pauvres. »

Mais sont-ils ravis, quand l'installation faite, la dévotion répandue, ils découvrent, avec stupéfaction, que, pour s'acquitter envers saint Antoine, leurs paroissiens trouvent des ressources qu'ils ne leur soupçonnaient pas !

Et lorsqu'ils ont ce pain mystérieux dans les mains, ce ne sont pas non plus, hélas ! les affamés, jusqu'alors ignorés, qui manquent, nulle part, pour s'en nourrir.

Et nos bons curés, apprenant ainsi à mieux connaître les ressources et les besoins de leurs paroisses, constatent, par surcroît, que la foi, pour se rallumer, n'attendait qu'une étincelle.

Mais le voilà bien, pourtant, le grand arbre dans les rameaux duquel s'abritent ces oiseaux du ciel qui ne sèment ni ne moissonnent et que le Père céleste nourrit tout de même.

Or, ne savons-nous pas que « les pauvres sont beaucoup plus qu'eux? »

Vainement, donc, la science moderne, cette science ennemie de Dieu et des hommes, voudrait-elle persuader les déshérités que la Providence ne peut prendre d'eux aucun soin. De tels faits ne la convainquent-ils pas d'imposture?

*
* *

A défaut de renseignements statistiques très difficiles à recueillir, nos lecteurs nous sauront gré de leur donner quelques détails sur une des œuvres du Pain les plus florissantes de Paris, et dans laquelle la distribution, faite quotidiennement aux malheureux, revêt parfois le caractère d'une manifestation particulièrement impressionnante. Nous parlons de Montmartre.

La dévotion du Pain de saint Antoine est établie à la basilique du Sacré-Cœur; elle y prospère, et voici en quels termes M. de Ségur, dans le numéro de l'*Univers* du 19 novembre 1894, sous ce titre, la *Multiplication des pains*, décrivait le spectacle inoubliable qu'offraient, peu de jours auparavant, *trois mille mendiants* accourus de tous les taudis et les carrefours de la capitale, dans le sanctuaire national, pour y venir chercher la nourriture de l'âme, en même temps que celle du corps :

Cette foule de pauvres, dit M. de Ségur, était bien, comme celle qui suivait le Sauveur au désert, et plus qu'elle peut-être, le résumé de toutes les misères humaines, misères du corps et de l'âme, misères de la jeunesse sans doctrine et sans espoir, de l'âge mûr sans travail, de la vieillesse sans secours.

Elle se composait, en grande majorité, de malheureux échoués de la province, venus à Paris pour y trouver des moyens d'existence qui y manquent plus que partout, parce que le nombre des travailleurs y croît sans cesse pendant que le travail décroît ; de Parisiens grandis dans la fange des rues ou des écoles sans Dieu, chez lesquels le vice n'a pas attendu le nombre des années ; de vieillards sans famille, abandonnés par la dispersion, l'ingratitude ou la mort de leurs enfants ; enfin, d'un nombre incalculable de déclassés, brevetés, bacheliers, licenciés, victimes de la mauvaise fortune ou de la mauvaise conduite, trompés dans leurs ambitions, vaincus dans les combats de la vie, et bien près du désespoir qui mène au suicide ou au crime.

Or, ce ramassis de toutes les humiliations et de toutes les souffrances, qui se trouvait réuni sous les voûtes de la basilique de Montmartre, aux pieds du Fils de Dieu vivant et présent dans son Eucharistie, offrait aux regards des hommes et des anges un spectacle aussi ravissant que celui des pauvres d'Israël recevant des apôtres le pain miraculeux, multiplié à l'infini par la bénédiction du Seigneur.

S'ils n'avaient pas contemplé, comme les foules au désert, le prodige de la toute-puissance créatrice de Jésus-Christ, ils avaient vu et goûté le miracle permanent de sa charité dans la personne de ses prêtres. Ils avaient été recueillis par eux dans tous les carrefours de Paris, instruits, nourris avec un zèle, une tendresse infatigables, et à dix-neuf siècles de distance, les mêmes causes avaient produit les mêmes effets.

Les témoins de cette scène inoubliable de Montmartre n'en perdront jamais le souvenir. Ils n'oublieront pas l'accent de ces trois mille voix d'hommes répondant à l'adjuration solennelle du prêtre : « Vous repentez-vous de vos fautes ? — Nous nous en repentons.

— « Acceptez-vous vos souffrances, votre misère, en esprit de pénitence ?

— Nous les acceptons ! Nous les offrons à Dieu ! »

Et quand ils s'avancèrent à l'autel, en longues files déguenillées et recueillies, quand ils s'approchèrent de la Sainte Table, qu'ils reçurent le pain des anges devenu la nourriture de leurs âmes, quelle humilité rayonnante dans leur attitude, quelles belles larmes sur leurs visages ravagés par la misère ! Quelle richesse de grâces dans cet abîme de pauvreté !

Les uns se frappaient la poitrine à nu, faute de chemise ; d'autres, faute de mouchoir, essayaient de refouler leurs larmes avec leur poing fermé, ou de les essuyer avec leurs doigts. Et, parmi ce peuple d'infortunés dont plusieurs n'avaient pas été jusqu'à la confession et à la communion, pas une note discordante, pas un regard, pas un soupir qui ne montât vers le ciel. Vraiment, le divin Rédempteur était aussi présent au milieu d'eux qu'au milieu des malades et des pauvres de Jérusalem.

En sortant de la Basilique et en se rendant à l'*Abri Saint-Joseph* où chacun de ces trois mille pauvres allait recevoir une livre de pain et une bouteille de vin, un de ces bienheureux misérables, licencié ès-lettres, disait en pleurant au bon Père qui avait entendu sa confession : « Mon Père, vous m'avez sauvé pour toujours. Avant de vous connaître et de connaître Dieu, j'étais furieux contre ce Dieu que je haïssais en le niant, furieux contre l'Eglise, contre la société, contre tout. Si, au lieu de vous rencontrer, j'avais rencontré un anarchiste, je l'aurais suivi, prêt à faire sauter tout ce qu'on aurait voulu et moi par-dessus le marché. Maintenant, j'ai compris le sens de la vie, du bien et du mal, de la souffrance et de la mort J'accepte ma misère, et quoi que Dieu m'envoie, je ne cesserai de le bénir et de l'aimer. »

Quant au mode employé pour nourrir *quotidiennement* cette armée de pauvres gens, il est bien simple et tout évangélique : c'est l'application, avec quelques différences de forme, de la multiplication des pains. Au lieu de se servir, comme dans les plaines de Judée, du ministère de ses apôtres, le Christ, toujours misécordieux, multiplie et distribue le pain de ses pauvres par le ministère de ses saints et de ses prêtres, et le saint qu'il semble avoir choisi de préférence, en ces derniers temps, pour présider à ce miracle permanent, c'est saint Antoine de Padoue, l'humble disciple de saint François d'Assises, le grand thaumaturge du treizième siècle.

Voilà, s'il plaît à Dieu, ce qui bientôt se verra partout.

Et comme on comprend que, dans un mouvement d'enthousiasme, mademoiselle Bouffier se soit écriée :

« Quel spectacle magnifique offrira la terre, quand la charité sera devenue universelle. Oui, oui, notre bon saint Antoine va sauver le monde. »

Dieu seul connaît les destinées de cette œuvre et l'avenir qui lui est réservé. Mais à voir de quels pas de géant elle marche, ne nous est-il pas permis de dire que nous n'envoyons vraisemblablement que les débuts.

Laissons l'arbre atteindre toute sa croissance

et, bénissant les miséricordieux desseins de Dieu sur nos sociétés pourtant si coupables, associons-nous à l'allégresse que la pieuse intendante exprimait au R. P. Marie-Antoine dans cette dernière lettre :

Toulon, le 4 décembre 1891.

Vous languissez, n'est-ce pas, mon Révérend Père, d'avoir de fraîches nouvelles de la *chère petite Œuvre du beau pain blanc de saint Antoine*. Bientôt, vu sa fécondité, on pourrait changer son titre et l'appeler la *grande Œuvre du beau pain blanc*. Mais non, ne changeons pas son premier nom, appelons-la toujours : « La chère petite Œuvre du pain blanc. » C'est plus humble, c'est plus doux, cela parle mieux au cœur. Rien n'est touchant comme ce qui est petit ; voyez le petit enfant, le petit agneau, la petite fleur; chacun se penche avec tendresse vers ce qui est petit, chacun lui prête abri et protection !

. . . .

Oh ! chère petite Œuvre du pain ! A ta fécondité on voit bien que tu n'es pas née de l'homme ! Les œuvres de Dieu seul, comme tu l'es toi-même, marchent à pas de géant, franchissent les mondes, dilatent les cœurs, redonnent l'espérance, réveillent la charité. Oui, mon Révérend Père, la chère petite Œuvre du pain, semblable à une pluie bienfaisante, redonne à la terre son ancienne fécondité, et fait germer dans le cœur de tous les hommes les trois vertus si longtemps oubliées : la Foi, l'Espérance et la Charité ; la Foi, par les miracles qu'elle opère ; l'Espérance, par les prières qu'elle fait faire, et la Charité par le pain qu'elle fait donner.

A l'heure actuelle, celui qui pleure, qui souffre, qui attend, tourne ses yeux vers saint Antoine de Padoue, il se souvient qu'il a dans le ciel un protecteur tendre et bon, puissant sur le cœur de Dieu ; il sent qu'il l'aime, qu'il le suit du regard, et qu'il ne désire rien tant que de lui accorder ce qu'il lui demande avec confiance. Oh ! le bon Saint ! Il obtient tout pour celui qui le prie avec tendresse et lui promet de se souvenir du pauvre qu'il aime. Dès qu'on le prie, le cœur triste est consolé, le front assombri rayonne d'espérance, et voilà que de tous les points du globe, un hymne de reconnaissance retentit en son honneur ; on exalte son nom dans les palais des grands et sous les toits des petits, et cet hymne se trouve sur toutes les lèvres ; l'enfant et le vieillard le font ensemble monter au ciel !

Oh ! mon Révérend Père, que c'est merveilleux ! Les nouvelles nous arrivent à flots de tous les points du monde, nous annonçant l'installation de l'Œuvre ; et ceci nous fait surabonder de joie ! Impossible de compter les villes et les villages qui ont déjà le tronc des pauvres... Il faut... oui, il faut à tout prix, que bientôt chaque diocèse puisse subvenir à soulager les souffrances poignantes de ses pauvres. Quel spectacle touchant quand chaque Eglise, chaque chapelle aura son tronc pour le pain des pauvres de saint Antoine de Padoue.

Adieu, mon bon Père, toujours à Dieu. Priez toujours pour l'humble servante du si bon saint Antoine, que le Seigneur me donne toujours l'intelligence de son amour, la connaissance de ma misère et la grâce de bien remplir la grande mission qu'il m'a donnée.

LOUISE BOUFFIER.

XX

« PATER PAUPERUM »

Ce nom si doux et si consolant de « Père des Pauvres » est un de ceux dont l'Église salue Jésus.

Les événements merveilleux qui se déroulent sous nos yeux, ne nous autorisent-ils pas à le décerner à l'aimable saint qui partage, avec la Vierge Marie et saint Joseph, le privilège d'être offert à la vénération des foules portant, dans ses bras, le petit enfant de Bethléem?

Quel nom répondrait mieux aux aspirations de ces légions de misérables, errant sur les chemins de ce monde, comme des troupeaux sans pasteur? Quel autre traduirait plus suavement leur gratitude pour le panetier providentiel qui, en apaisant leur faim, leur inspire le désir d'un autre pain qu'ils ne connaissent pas, ou dont ils ont perdu le goût.

Cette explosion subite de charité, éclatant au milieu de nos sociétés si profondément ravagées par l'égoïsme et la soif des jouissances, fait éprouver au monde chrétien un tressaillement d'espérance ?

Au déclin de ce siècle de mensonges et d'avortements qui se flattait orgueilleusement d'acheminer le peuple vers une ère de bonheur sans limite, et qui n'aura réussi qu'à consommer sa ruine et sa déchéance, l'acculant à d'irrémédiables catastrophes, ce réveil inopiné de la foi, ce renouveau de confiance en l'efficacité de la prière et la puissance souveraine de l'aumône qui gagne les esprits jusqu'ici les plus réfractaires aux idées mystiques, nous paraissent d'un bon augure. Ils ouvrent sur l'avenir des perspectives plus rassurantes.

Nous ne sommes pas surpris qu'on ait dit que, dans les pans de sa robe brune, le fils du pauvre d'Assise, nous apportait la solution de la question sociale. On raconte qu'un jour Louis Veuillot disait à un religieux capucin : « Mon Père, l'avenir est aux pieds nus ! » Le grand écrivain avait l'intuition du divin remède dont le monde moderne a besoin. C'est une révolution dans les idées et dans les mœurs, analogue à celle que François d'Assise, en prêchant les gloires de la pauvreté, vint opérer au douzième siècle, qu'il s'agit de réaliser à notre époque de sensualisme et d'avarice.

Quel progrès vers l'apaisement social, quand

la charité, c'est-à-dire l'amour inspirant le sacrifice, aura reconquis son légitime empire sur les âmes !

La société ne meurt que parce que la charité s'est refroidie. C'est d'elle surtout que nous viendra le relèvement.

Il n'en faut pas douter, s'il est vrai, comme le proclame Léon XIII, dans cette immortelle encyclique sur « *la condition des ouvriers* », que traverse un souffle si puissant de justice, que « c'est d'une abondante effusion de charité qu'il faut *principalement* attendre le salut ».

» Nous parlons, ajoute le Pape, de la charité chrétienne qui résume tout l'Evangile et qui, toujours prête à se dévouer au soulagement du prochain, *est un antidote très assuré* contre l'arrogance du siècle et l'amour immodéré de soi-même. »

*
* *

Quand tout espoir semble perdu, et que rien ne paraît plus capable de sauver la société, de conjurer l'assaut de ceux qui n'ont rien contre un système social exclusivement organisé au profit de ceux qui possèdent, n'y a-t-il pas toute une révélation des conditions dans lesquelles peut encore s'opérer le rapprochement et la réconciliation des classes, et comme une suprême invite de la Providence, dans cette rencontre inespérée du riche et du pauvre aux pieds de saint Antoine de Padoue?

« Le riche et le pauvre se sont rencontrés », dit l'Esprit-Saint : le créateur de l'un et de l'autre, c'est le Seigneur. »

Le riche et le pauvre ont le même créateur, ils ont le même père. Ils sont donc frères. Pourquoi cette haine, entre eux, s'est-elle allumée?

« Ah! c'est que les riches, remarque Donoso Cortès, avaient perdu la vertu de charité, et voilà pourquoi Dieu avait permis que les pauvres perdissent la vertu de patience. »

Mais, confiance, le malentendu va cesser; Dieu nous délègue un saint, un de ceux qui, sur les pas du mendiant d'Assise, poussèrent le plus loin le mépris de ces richesses dont la poursuite frénétique est la source de tous nos maux.

Saint Antoine vient apprendre à ceux qu'afflige « une misère imméritée » que le ciel n'est pas sourd à leurs plaintes, et qu'il s'intéresse à leurs souffrances. Et à ceux qui, oublieux de leur destinée et de leurs devoirs, ne demandent à la vie que des plaisirs, il rappelle, en les invitant au détachement, que la fortune ne constitue pas un privilège, mais une charge, et que le sacrifice et le renoncement sont la loi nécessaire des sociétés régénérées par le sang du Christ.

*
* *

Et quelle réponse divine et sans réplique aux

imbéciles négations du naturalisme contemporain que cette manifestation, en quelque sorte tangible, du surnaturel !

Les esprits dévoyés, par une fausse science, envahis, submergés par le matérialisme, n'admettaient plus le surnaturel. Nous en avions perdu le sens, et passions à côté de lui sans l'apercevoir.

La parole de Jean-Baptiste, aux publicains qu'il baptisait dans le Jourdain, était devenue notre histoire. C'est à notre société abêtie par l'orgueil qu'on pouvait dire : « Il y en a un au milieu de vous que vous ne connaissez pas ! »

Et c'était Dieu lui-même que nous n'apercevions plus nulle part ! Et telle était notre dégénérescence intellectuelle que nous n'étions même plus capables de comprendre que Dieu de plus ou de moins dans un peuple, c'est toute la question sociale.

Et des menteurs, après leur avoir enlevé Dieu, s'apitoyaient hypocritement sur le sort de ces multitudes, auxquelles est refusé le nécessaire de la vie, sans voir en quoi consistait leur véritable misère, et qu'elles n'étaient réduites à ce paupérisme des choses les plus indispensables à la vie du corps, que parce qu'elles ne sentaient plus quel affreux et irréparable malheur c'est de manquer de l'aliment, dont l'âme a besoin, d'être en proie au paupérisme de Dieu.

« Oh ! Dieu, notre bon Père, s'écrie Bossuet, cela est rare que ceux qui vous servent manquent de pain. »

« Ceux qui vous servent; » mais ceux qui vous ignorent et ceux qui vous blasphèment, « ô Jésus, Père des Pauvres, » quelle injustice y a-t-il à ce qu'ils en soient privés?

Eh bien, voilà Dieu qui revient.

A la suite de saint Antoine, le surnaturel a fait irruption au milieu de nous.

A ceux qui dédaignaient ou négligeaient de chercher Dieu, saint Antoine apprend « qu'il n'est pas loin de chacun de nous, » puisque « c'est en Lui, » comme le disait saint Paul aux Athéniens, « que nous vivons, que nous nous mouvons et que nous sommes. » Le voici qui, à notre appel, intervient dans tous les événements, dans toutes les circonstances de notre vie. Qu'il soit présent à nos pensées, et il nous apparaîtra d'une manière, en quelque sorte, palpable. Aux croyants, dont la foi serait parfois tentée de défaillir, aux indifférents qui trouvent le ciel trop haut pour qu'il vaille la peine d'y adresser des prières, c'est lui-même qui dit : « Ayez confiance, parlez-moi, demandez et vous recevrez; je suis là et je vous écoute. »

C'est le mémorable miracle de Toulouse que saint Antoine reproduit de nos jours pour éclairer nos impies. Il contraignit, vous vous en souvenez, la mule de l'Albigeois obstiné à confesser la présence réelle du Christ dans l'Eucharistie. Aujourd'hui, c'est la présence de Dieu dans le monde, ce sont les effets de sa Providence qu'il fait resplendir pour la consolation des âmes fidèles qui n'en ont jamais douté, et la confusion des incrédules qui, selon la parole du psalmiste, « se sont abaissés à la grossièreté des brutes et leur sont devenus semblables. »

*
* *

Mais quoi, rendre au peuple le Dieu qu'on s'efforce de lui ravir et lui procurer le pain qu'un siècle de bouleversements, uniquement accomplis pour le lui assurer, n'est parvenu qu'à lui enlever, n'est-ce donc pas, encore une fois, toute la question sociale ?

A ceux qui seraient tentés de nous reprocher d'en trop réduire les termes, en avançant que l'aumône y suffira, nous demanderions pourquoi Dieu mettrait à plus haut prix la paix sociale que le ciel lui-même.

L'Évangile nous dit sur quelles paroles nous serons jugés :

« J'avais faim, nous dira le Juge, et vous m'avez donné à manger. »

« Quel est donc le mérite de l'aumône, dit Bossuet, à qui seule Jésus-Christ attribue la vie éternelle ? » et « quelle est sa nécessité, puisque manquer de la faire est un crime, et le seul crime que le juste Juge allègue pour la cause de la damnation ? »

Au surplus, que la charité refleurisse et tout le reste suivra. « Épanchez votre âme dans celle du pauvre, dit le Saint-Esprit, et votre justice marchera devant vous. »

Dévots de saint Antoine, vous qui l'invoquez dans vos nécessités pressantes, vous que, dans l'intérêt de ses pauvres, il exauce avec tant d'empressement, lisez et méditez cette page du Prophète, par laquelle nous voulons finir ; on la dirait écrite pour vous.

Nous la détachons du chapitre cinquante-huitième d'Isaïe. C'est, en quelques lignes inspirées, toute l'*Œuvre du Pain des Pauvres*, et le magnifique tableau des récompenses promises à ceux qui pratiqueront la charité.

Écoutez, c'est Dieu même qui parle :

« Partagez votre pain avec celui qui a faim, et faites entrer dans votre maison les pauvres et ceux qui n'ont point d'asile ; lorsque vous voyez un homme nu, couvrez-le, et ne méprisez point votre chair.

» Alors, votre lumière éclatera comme l'aurore : vous recouvrerez bientôt la santé ; votre justice marchera devant vous, et la gloire du Seigneur vous environnera.

» Alors, vous invoquerez le Seigneur, et il vous exaucera. Vous crierez, et il vous dira : Me voici.

» Si vous enlevez du milieu de vous la chaîne dont vous chargez vos frères ; si vous cessez d'étendre la main et de proférer des paroles outrageantes ;

» Si vous épanchez votre âme dans celle du

pauvre; si vous versez d'abondantes consolations dans le cœur de l'affligé, votre lumière brillera dans les ténèbres, et vos ténèbres deviendront comme le soleil du midi.

» Le Seigneur vous donnera un repos éternel, et il remplira votre âme de ses splendeurs; il ranimera vos ossements; vous deviendrez un jardin arrosé et comme une source dont les eaux ne tarissent jamais. »

APPENDICE

Le merveilleux épanouissement du culte de saint Antoine de Padoue ne permet pas de douter que le septième centenaire de la naissance de ce grand saint, qui arrivera le 15 août de l'année présente, ne soit l'occasion de manifestations universelles. Dans quelle Eglise, dans quelle chapelle ne célébrera-t-on pas solennellement ce mémorable anniversaire ?

Il est toutefois, en France, deux lieux privilégiés où les Pèlerins se porteront, sans doute, de préférence : l'un est depuis longtemps renommé ; c'est le seul endroit, dans notre pays, qui rappelle le passage de saint Antoine ; l'autre, jusqu'ici complètement ignoré, c'est la petite ville de Provence qui possède une insigne relique du grand thaumaturge.

On connaît de longue date les célèbres grottes de Brive (Corrèze). Le saint y vécut dans la solitude, la prière et la pénitence. Dès le lendemain de la canonisation, elles devinrent le centre d'un pélerinage très fréquenté. Deux fois interrompu, par les calvinistes (en 1565), et par la grande révolution, ce pèlerinage a été restauré en 1875 par les franciscains de l'Observance. Depuis lors ce sanctuaire six fois séculaire n'a cessé d'être visité, chaque année, par de nombreux pèlerins. Le mouvement provoqué par les événements de ces derniers temps n'a fait qu'accroître l'affluence des fidèles qui s'y portent. Beaucoup de grâces sont obtenues dans ce lieu béni dont une petite feuille : les *Echos des Grottes de Brive*, répand au loin la renommée.

Nous n'en saurions donc rien dire qui ne soit déjà connu.

On nous excusera d'être moins bref sur le sanctuaire où les pèlerins peuvent vénérer la plus grande relique que nous possédions en France de saint Antoine de Padoue, car il n'a guère fait parler de lui jusqu'à présent.

Quelques détails sur la petite ville de Provence hier fort ignorée, mais qui va devenir célèbre, grâce à son illustre protecteur, et sur les circonstances particulièrement attachantes dans lesquelles ce précieux dépôt lui fut confié, seront lus, nous en sommes sûrs, avec un vif intérêt.

C'est à l'obligeance du pieux et zélé curé qui a la garde de ce trésor que nous devons la petite notice qu'on va lire; qu'il nous soit permis de l'en remercier ici.

La grande relique de saint Antoine de Padoue en France et le pèlerinage de Cuges.

La petite ville est située sur la route nationale de Marseille à Toulon, à égale distance des deux grandes cités. Elle est gracieusement assise au fond d'une plaine et adossée aux collines de la Sainte-Baume. Sa plaine est entourée d'une verte et odorante ceinture de montagnes, par delà lesquelles s'étendent les bois jadis fameux par leur sinistre renommée. Son ciel est pur et son sol fertile, sa population sympathique et hospitalière. Tel est le cadre à la fois sauvage et doux qui fait de la localité de Cuges un des coins de terre les plus pittoresques de Provence.

Chère déjà aux touristes et aux voyageurs, la petite ville est plus chère désormais aux amis de saint Antoine de Padoue. C'est elle en effet qui a l'insigne honneur de posséder, dans son Eglise paroissiale, le crâne de l'illustre thaumaturge.

Il suffit de nommer cette relique pour en indiquer toute l'importance. C'est la plus précieuse du saint en France. Il est même probable qu'il n'en est pas sorti de plus respectable de l'enceinte de Padoue.

Il est difficile d'ailleurs de concevoir une partie plus vénérable des restes du Bienheureux. Avec son cœur qui battit si généreusement, avec sa langue si éloquente et si harmonieuse, son crâne est bien ce qu'il y avait de plus précieux dans sa dépouille mortelle. Or son cœur a été la proie du tombeau, sa langue est à Padoue, miraculeusement conservée depuis plus de six siècles, et son crâne est le partage de l'heureuse paroisse de Cuges.

Le prix de ce trésor se fait sentir plus que jamais, à l'heure présente où le monde chrétien se porte avec un entraînement irrésistible vers les autels de saint Antoine et recherche avec une pieuse avidité ses traces et ses souvenirs.

Ce qui en fait encore mieux ressortir l'importance, c'est le soin jaloux avec lequel la ville de Padoue a toujours veillé sur le dépôt sacré de ces reliques et les rares distributions qu'elle en a faites, dans d'exceptionnelles circonstances, jusqu'au jour où elle les a fait déclarer inaliénables par le sénat de Venise, dont elle dépendait alors.

Ce trésor a son importance même au point de vue patriotique et national. L'histoire nous dit que toutes les grandes nations catholiques ont tenu à honneur de posséder quelque relique d'Antoine de Padoue, et c'est la France qui a eu la plus belle part de cette distribution. Le saint lui appartenait en effet à plus d'un titre. Un sang éminemment français coulait dans ses veines. Il avait pour nom Ferdinand de Bouillon et pour ancêtre l'illustre chef de la première croisade. De plus, il aima le sol de notre pays où il dépensa les années les plus fécondes de son apostolat. Et à l'heure présente, c'est la France qui paraît être le foyer le plus ardent de sa dévotion et le centre de ses plus abondantes bénédictions.

Enfin signalons une autre importance essentiellement relative cette fois, et qu'on pourrait appeler l'importance des contrastes. Une montagne paraît plus grande au fond d'une vallée. Ainsi la précieuse relique de Cuges semble grandie de tout l'éclat qui manque à la petite ville qui en est la gardienne.

L'importance même de ce trésor rend sa présence étonnante dans une humble et obscure localité. La chose est étonnante en effet et a pour origine un événement qui ne l'est pas moins. Voici cet événement; il intéresse à la fois l'histoire de l'Eglise et de notre pays.

C'était au milieu du quatorzième siècle, époque douloureuse et tourmentée. En ce temps-là le monde était décimé par un fléau terrible qui a gardé, dans la mémoire des peuples, le nom fameux de peste noire; il emporta une grande partie de la population du globe.

Sorti du fond de l'Orient, le fléau avait été apporté en Europe dans les flancs d'un vaisseau italien. Ses ravages furent cruels et peut-être sans exemple dans les annales de l'histoire. Les chroniqueurs nous disent que dans certaines régions il enleva jusqu'aux neuf dixièmes de la population. Une des contrées les plus éprouvées fut la France, notre malheureux pays, déjà désolé alors par les tristes débuts de la guerre de Cent ans.

En 1349, les progrès du fléau s'arrêtèrent. Un long soupir de soulagement salua cette délivrance, et, en signe de joie, le pape Clément VI accorda au monde chrétien le jubilé séculaire pour l'année suivante. C'était la première fois que le terme de ce jubilé était réduit à cinquante ans. La Cour pontificale était alors à Avignon, et le pape délégua à Rome un Cardinal, pour y ouvrir les fêtes jubilaires avec une pompe digne de la ville éternelle.

Ce Cardinal était Gui de Boulogne ou de Montfort, aussi illustre par sa naissance que par ses dignités. Descendant de saint Louis par sa mère, il était de plus allié à la famille régnante des Valois par le mariage d'une de ses nièces avec Jean-le-Bon. Très influent à la Cour de France, il était en même temps un des membres les plus éminents du Sacré Collège et fut même candidat à la papauté. Parmi les importantes missions qui lui furent confiées, on peut citer sa médiation, malheureusement impuissante, entre les rois de France et d'Angleterre, mais plus heureuse dans la Lombardie, à Naples et en Hongrie.

Tel est le personnage qui allait à Rome, de la part de Clément VI, ouvrir les fêtes jubilaires de l'an de grâce 1350.

Le Cardinal était en route pour l'Italie et traversait la Provence, quand il fut arrêté par une grave maladie. Il se trouvait alors sur le territoire de Cuges, et la petite ville se porta avec empressement au secours du prince de l'Eglise. Mais les soins les plus dévoués paraissaient impuissants, et le Cardinal se vit bientôt aux portes du tombeau. Sans espoir du côté de la terre, il se tourna du côté du ciel. Il se recommanda en particulier à saint Antoine de Padoue, le patron de la localité, et fit vœu que s'il guérissait, il irait présider lui-même, à Padoue, la translation des reliques du Bienheureux. Cette cérémonie devait avoir lieu pendant l'année jubilaire, le 15 février, dans la splendide basilique élevée sur le tombeau du saint, aux frais de la chrétienté tout entière.

L'auguste malade ne fut pas déçu dans sa confiance. Il revint à la santé et considéra sa guérison comme un nouveau miracle de l'illustre thaumaturge. Aussi promit-il d'offrir à son bienfaiteur, avant de quitter le pays, un hommage public de sa reconnaissance en venant remercier solennellement le saint dans la petite église de la localité; et pour remercier aussi les habitants de Cuges de leur touchante hospitalité, il leur promit, en récompense de leur dévouement, de leur porter une relique de leur saint patron.

Le Cardinal fut fidèle à toutes ses promesses. Après avoir ouvert le jubilé à Rome, il présida, le 15 février, à Padoue, les fêtes mémorables de la translation, qui furent entourées du plus grand éclat. Le tombeau du saint n'avait été ouvert encore qu'une fois. C'était en 1263, alors que saint Bonaventure avait trouvé la langue miraculeusement conservée. Gui de Boulogne fit ouvrir le tombeau pour la seconde fois. Il en sortit le crâne et la mâchoire inférieure, ainsi qu'un bras. Il plaça ces deux dernières parties dans un riche reliquaire d'argent dont il faisait don à la basilique. Quant au crâne, il en fit deux parts et réserva la partie supérieure pour témoignage de sa reconnaissance. Au milieu des splendeurs de ces solennités, il n'avait pas oublié la petite ville de Provence qui avait failli être son tombeau et dont il voulait magnifiquement honorer l'hospitalité, et c'est à son église qu'il vint offrir lui-même la partie supérieure du crâne de saint Antoine de Padoue.

Telle est l'origine de la précieuse relique. Tel est l'événement providentiel qui a valu à Cuges et à la France la possession de ce trésor. Le récit que nous venons d'en faire est entouré des garanties les plus respectables d'authenticité (1).

La petite ville dut recevoir avec émotion le précieux dépôt qui lui était confié et elle n'a cessé depuis de l'entourer d'une profonde vénération.

La dévotion de la paroisse pour saint Antoine et sa relique est bien connue, au moins du voisinage, et même quelque peu légendaire. On se plaisait jusqu'ici à lui trouver de l'exagération. Le bon saint semblait occuper une place démesurée dans le cœur des habitants. Mais ces derniers ne se troublaient pas de ces critiques et ils gardaient sereine et inaltérable leur confiance sans bornes envers leur glorieux patron. Or voilà que les événements du jour sont pour eux une éclatante revanche et ils montrent, d'une façon même assez piquante, que les

(1) Voir la notice complète : *La grande relique de saint Antoine de Padoue en France.* S'adresser à l'auteur, M. le curé de Cuges (Bouches-du-Rhône). Prix : franco, 1 fr. 25.

paroissiens de Cuges ne faisaient pas fausse route, en donnant une large part, dans leur dévotion, à leur saint Protecteur.

Un des principaux témoignages de cette dévotion fut le fameux buste d'argent offert par la population pour servir de châsse à la précieuse relique. Cette œuvre d'art et de prix a malheureusement disparu dans le gouffre de la révolution. La tête seule, avec la relique qu'elle contenait, échappa providentiellement aux atteintes des spoliateurs. Cette tête a été adaptée, dans la suite, à un nouveau buste en bois argenté, semblable à l'ancien, et c'est dans cette tête que repose habituellement le crâne de saint Antoine.

La paroisse de Cuges a toujours entouré son saint Patron de sa vénération, mais celui-ci a su lui rendre largement ses faveurs et ses bénédictions. Pendant plus de cinq siècles, il a été pour elle une providence visible et un protecteur manifeste.

C'est surtout dans les dangers publics que s'est fait sentir cette protection, en particulier dans les sécheresses et les incendies, deux fléaux redoutables qui sont pour Cuges une menace perpétuelle. Or les annales du pays abondent sur ces deux points de faits providentiels, dûment constatés, qui révèlent la main de saint Antoine.

Pendant de longs siècles la petite ville a donc été la gardienne obscure et ignorée de la précieuse relique, et en même temps l'heureux objet de ses bénédictions.

Mais voilà que des événements nouveaux surgissent qui vont avoir sur ses destinées une influence profonde. Son humble protecteur grandit parmi les peuples et devient le saint de prédilection de l'heure présente. Et les foules pieuses courent à ses autels où Dieu semble se plaire à multiplier les merveilles.

Dès lors, l'Église de Cuges ne pouvait plus garder pour

elle seule son trésor. Aussi voit-elle ses portes tressaillir et sa solitude fleurir. Et elle est devenue tout à coup le centre d'un pèlerinage important.

Une particularité à noter, c'est que l'Eglise est comble à ses grands jours. Pendant vingt-cinq ans on n'a cessé de lui reprocher ses vastes dimensions. Aujourd'hui ces mêmes dimensions à certains jours deviennent insuffisantes.

Ce ne sont jusqu'ici que les deux diocèses de Marseille et de Fréjus qui ont envoyé à Cuges d'importantes délégations, mais d'autres centres plus éloignés et non moins importants songent à s'ébranler à leur tour.

La grande circonstance qui donnera la principale impulsion à ce courant des peuples vers les autels de saint Antoine, c'est le nouveau centenaire de sa naissance. C'est le 15 août 1195 que vint au monde Ferdinand de Bouillon et le 15 août 1895 amène le septième centenaire de ce mémorable événement. L'Eglise ne fête pas, dans ses offices liturgiques, la naissance temporelle de ses enfants, mais elle ne proscrit nullement, à cette occasion, un redoublement de dévotion ni les manifestations pieuses, telles que les pèlerinages.

On peut donc prévoir un vaste courant des peuples chrétiens vers les autels de saint Antoine de Padoue. Or, étant donné les pieuses surprises de cette dévotion, il ne serait pas impossible que ce mouvement fût comparable à ce qu'a vu de plus mémorable, dans ce genre, l'histoire de l'Eglise.

Il serait difficile de ne pas se réjouir de ces événements, et surtout de refuser d'y voir la main de la Providence offrant à notre siècle un nouveau remède à ses nouvelles et inquiétantes misères.

RENSEIGNEMENTS PRATIQUES. — Pour se rendre à Cuges,

prendre le chemin de fer jusqu'à Aubagne. Un service d'omnibus transporte les voyageurs d'Aubagne à Cuges en une heure et quart. (Prix : 1,50 aller retour compris). — Départs réguliers d'Aubagne pour Cuges : Le matin, à 7 h. ; le soir, à 5 et 7 h. — Départs de Cuges pour Aubagne : Le matin, à 5 h. 1/2 et 11 h.; le soir, à 1 h. 1/2 et 5 h. Omnibus à toute heure sur demande. — Il y a à Cuges un hôtel qui peut recevoir deux cents convives. Des salles provisoires peuvent être mises à la disposition des pèlerins. La population pourrait aisément fournir une centaine de lits aux pèlerins lointains.

— Pour plus amples renseignements, s'adresser à M. le Curé de Cuges (Bouches-du-Rhône).

FIN

TABLE DES MATIÈRES

LETTRE DU T. R. P. MARIE-ANTOINE A L'AUTEUR . . . V

I. Le Pain des Pauvres 1
II. Comment l'œuvre a pris naissance. 10
III. 41, rue Lafayette. 24
IV. L'arrière-boutique 36
V. Le tronc inépuisable 53
VI. Un gros courrier. 72
VII. I. Ce qu'on demande à saint Antoine 87
VIII. II. Ce qu'on demande à saint Antoine. 97
IX. III. Ce qu'on demande à saint Antoine 108
X. La foi des simples 119
XI. « Les dangers disparaissent ». 134
XII. « Les nécessités finissent ». 144
XIII. « Ceux qui demandent reçoivent ». 156
XIV. Les petites industries de saint Antoine 164

XV. « Donnant donnant ». 179
XVI. Ceux qui mangent le pain de saint Antoine. . . 186
XVII. L'œuvre des écoles de saint Antoine de Padoue 204
XVIII. L'Œuvre des Missions 213
XIX. Le grand arbre. 232
XX. « Pater pauperum » 247

APPENDICE 257

ÉMILE COLIN — IMPRIMERIE DE LAGNY

ÉMILE COLIN — IMPRIMERIE DE LAGNY

www.ingramcontent.com/pod-product-compliance
Ingram Content Group UK Ltd.
Pitfield, Milton Keynes, MK11 3LW, UK
UKHW020204250726
13967UKWH00003B/1260

9 782012 783294